# PARTI COMMUNISTE

### Section Française de l'Internationale Communiste

# 3ᵉ Congrès National

## TENU A LYON

### Les 20, 21, 22, 23 Janvier 1924

# ADRESSES & RÉSOLUTIONS

## PARIS
## LIBRAIRIE DE L'HUMANITÉ
### 120, Rue Lafayette, 120
### 1924

**Prix : 2 fr. 50**

# 3ᵉ Congrès National

# PARTI COMMUNISTE

### Section Française de l'Internationale Communiste

# 3ᵉ Congrès National

## TENU A LYON

### Les 20, 21, 22, 23 Janvier 1924

# ADRESSES & RÉSOLUTIONS

PARIS

# LIBRAIRIE DE L'HUMANITÉ

### 120, Rue Lafayette, 120

### 1924

# 3ᵉ CONGRÈS NATIONAL

## PREMIÈRE PARTIE

---

## MESSAGES ET MANIFESTES

---

### Message de l'Internationale Communiste

Chers camarades,

C'est la première fois que le P. C. F. réunit son congrès depuis que tous les éléments hostiles au communisme l'ont débarrassé de leur présence. Le malaise qui s'y est fait sentir pendant plusieurs années était causé — tous aujourd'hui s'en rendent compte — par cette présence d'éléments hétérogènes restés dans le Parti pour en freiner le développement et saboter son action. L'épuration survenue après le IVᵉ congrès mondial, la cohésion morale et l'unité qui en résultent donnent au Parti Communiste français la possibilité de remplir sa mission historique. L'Internationale Communiste qui a suivi avec un intérêt particulier toutes les phases de la crise que vous avez traversée, veut attirer l'attention de votre congrès et de tout le Parti sur quelques questions, qui se posent devant l'I. C. en général et devant le Parti plus spécialement.

### I. — *La Révolution sociale au centre de l'Europe*

La politique monstrueuse de la bourgeoisie française à l'égard de l'Allemagne a eu un résultat inattendu pour elle : la révolution sociale dans ce pays est à l'ordre du jour. Il est devenu évident, même pour les éléments les plus arriérés du prolétariat et de la petite bourgeoisie, que l'affranchissement et l'indépendance de la nation allemande dépendent exclusivement et entièrement de l'affranchissement des masses laborieuses. La bourgeoisie vend son pays en gros et en détail. Au fascisme militariste et nationaliste, elle est disposée, pour mieux opprimer les travailleurs, à joindre, moyennant un bon prix, les baïonnettes et les sabres français. Le prolétariat allemand devra porter seul le poids du capital franco-allemand. Les dirigeants de la social-démocratie et des syndicats sont passés avec armes et bagages dans le camp du fascisme. Ils emploient toute la puissance de leurs organisations et toute leur influence à assujettir la classe ouvrière aux magnats de l'industrie lourde. Si le programme de l'industrie lourde franco-allemande se réalisait, si les ouvriers d'Allemagne étaient réduits à l'état de coolies européens, ce serait le niveau de vie du prolétariat européen tout entier, et surtout du prolétariat français, qui serait abaissé. Mais les efforts conjugués des exploiteurs franco-allemands et de leurs agents social-démocrates se sont heurtés à l'opposition irréductible des masses laborieuses qui cherchent désespérément une issue.

C'est pourquoi la Révolution sociale et la dictature du prolétariat sont à l'ordre du jour. Si les événements d'octobre et de novembre n'ont pas conduit le prolétariat révolutionnaire à la victoire, c'est qu'au moment décisif la social-démocratie et les syndicats réformistes ont brisé le mouvement.

Les anarcho-réformistes qui, en réalité, combattent toute révolution, ont conclu de cet insuccès que la révolution allemande est un « bluff ». Ces messieurs désavouent d'avance la révolution allemande comme ils ont désavoué la révolution russe. Il n'y a rien d'original dans leur conduite : ils reprennent les refrains contre-révolutionnaires de la bourgeoisie. Pour l'Internationale Communiste et pour ses sections, le problème de la révolution allemande reste entier. Il leur impose, surtout aux partis communistes des pays entourant l'Allemagne, des obligations révolutionnaires strictes. Il faut se préparer aux événements. Il faut se rappeler que la réaction internationale et surtout française s'acharne sur la révolution allemande avec plus de violence encore que jadis à l'égard de la révolution russe.

Le succès dépend beaucoup de ceci : la classe ouvrière française saura-t-elle mettre un frein à l'impérialisme français ? La tâche essentielle du Parti Communiste français est de faire en sorte que les masses laborieuses ne soient pas prises à l'improviste par les événements.

*Aider le prolétariat allemand et la révolution allemande,* tel doit être le mot d'ordre du communisme international et en premier lieu de sa section française.

## II. — *La Situation générale en France*

L'action du Parti est, dans une large mesure, facilitée par la situation dans laquelle se trouve l'impérialisme français.

La situation politique de la France est caractérisée par ceci : que le Bloc national est à l'agonie. Un signe éclatant que sa dernière heure est venue, c'est l'évasion de ses députés vers le Bloc des gauches. Les contribuables éprouvent sur eux-mêmes l'effet des victoires et des triomphes du Bloc national, et les plus perspicaces des bourgeois comprennent que la continuation de son règne peut ébranler les fondements mêmes de la République bourgeoise. De là, le libéralisme et les phrases creuses du Bloc des gauches, dont un des héros est le madré renégat Aristide Briand. Le Bloc national expire parce que pas un des objectifs qu'il se proposait n'a été atteint. Il n'a pas obligé l'Allemagne à payer, l'occupation de la Ruhr n'a pas diminué la dette, bien au contraire. La rivalité entre la France et l'Angleterre a atteint un degré d'acuité inouï et les milieux dirigeants des deux côtés se préparent consciemment à la guerre.

Le projet d'entourer la Russie soviétique d'un mur infranchissable a également échoué. La Russie des Soviets est sortie victorieuse d'une lutte implacable. A présent, le Bloc national propose officieusement à la Russie d'entrer en pourparlers.

Si le Bloc national a échoué dans sa politique extérieure, il s'est davantage encore discrédité à l'intérieur. Mais ce serait une erreur de croire que le Bloc des gauches ferait autrement. Ce n'est pas par hasard que ses députés ont soutenu la politique extérieure de Poincaré, avec de timides réserves. Quelle importance ont des réserves verbales lorsque le militarisme français pille et ruine l'Allemagne ? Le Bloc des gauches se distingue aussi peu du Bloc national dans la politique intérieure que dans la politique extérieure. Presque tous ses leaders ont déjà été au pouvoir; on les a vus à l'œuvre et il faut être un incorrigible benêt réformiste pour attacher quelque importance au verbiage électoral de ces maraudeurs parlementaires.

La situation est claire. Le Bloc national est à la veille de la faillite. Comme candidat au pouvoir se présente le Bloc des gauches, composé en grande majorité des mêmes éléments sociaux et politiques. Donc, pour le Parti Communiste, le Bloc des gauches se trouve sur le même plan que le Bloc national; par suite, guerre *la plus résolue et la plus impitoyable contre le Bloc des gauches et contre le Bloc national;* pas de concessions, pas de compromis !

### III. — *Le Bloc des gauches et le réformisme*

Il est de coutume en France que, plusieurs mois avant les élections, une grande animation politique surgisse. Cette animation touche même les partis les plus squelettiques et les groupes les plus insignifiants. A la chaleur des élections se sont réveillés le Parti socialiste et même le « parti Frossard ». Tous deux sont portion intégrante du Bloc des gauches; avant les élections, tous deux révèlent extérieurement ce qu'ils ont été dans le fond : l'aile gauche de la bourgeoisie. Ils cherchent à donner l'impression dans la classe ouvrière que la victoire du Bloc des gauches fera le bonheur du prolétariat et apportera un changement radical dans la politique intérieure et extérieure du pays. C'est une duperie électorale.

Le prolétariat français a eu beau voir passer sous ses yeux une foule de manœuvres électorales, de splendides programmes et de magnifiques promesses, les charlatans parlementaires n'en réussissent pas moins encore à séduire des centaines de milliers et des millions de travailleurs, grâce à la presse corrompue et vénale. Le Bloc des gauches a aussi attiré à lui la C. G. T. réformiste et nous assistons à ce curieux tableau d'une « Union sacrée » qui va de Jouhaux et de Renaudel, en passant par Longuet et Blum, jusqu'à Herriot et Aristide Briand. Les chefs du Parti socialiste, les résistants et la C. G. T. Lafayette ont déjà adhéré au Bloc des gauches. Ils sont inspirés par sa presse ou l'inspirent. Quelques-uns des leaders de la C. G. T. Lafayette manœuvrent déjà pour figurer sur les listes du Bloc des gauches (Dumoulin, Rivelli, etc.). Mais les ouvriers qui adhèrent encore au Parti socialiste ou qui votent pour lui, les membres des syndicats réformistes ne peuvent ni ne doivent accepter cela. Chaque ouvrier doit comprendre cette vérité élémentaire : *qui est avec le Bloc des gauches est contre la classe ouvrière.*

## IV. — *Le Bloc ouvrier et paysan*

L'attitude que doit avoir le Parti Communiste envers les partis et les organisations réformistes ressort clairement de cette analyse. Tout accord avec ces partis, tant qu'ils se trouvent dans le Bloc des gauches, serait une trahison de la cause ouvrière. Il est donc naturel que la condition préliminaire de tout accord avec ces partis ou organisations doit être *leur rupture sans aucune équivoque avec la soi-disant bourgeoisie de gauche.* Sans quoi, aucun accord n'a de raison d'être. Mais il est encore une question qui doit être résolue avant qu'il puisse être parlé d'un bloc quelconque. *Les accords ne peuvent être locaux; ils doivent être obligatoires pour tout le pays.* Le Parti Communiste ne peut rien conclure avec le Parti socialiste si chaque fédération du Parti socialiste a sa politique indépendante. Quelle que soit la réponse du Parti socialiste à ces conditions élémentaires, le P. C. ne doit pas cesser de tout faire pour créer le Bloc ouvrier et paysan. Il pourrait être organisé une commission électorale centrale dans laquelle entreraient non seulement les représentants du P. C., mais aussi des ouvriers et des paysans sans parti, élus par des conférences départementales. En tout cas, il serait absolument nécessaire d'intéresser à la prochaine lutte électorale tous les ouvriers et paysans reconnaissant la nécessité de combattre leurs exploiteurs.

## V. — *Parlementarisme réformiste et parlementarisme révolutionnaire*

Il y a une différence profonde entre l'attitude des communistes et celle des réformistes dans la campagne électorale. Pour les réformistes, le Parlement est le principal instrument de perfectionnement du régime, le champion du progrès. Ils s'imaginent l'instauration du socialisme par la conquête de la majorité au Parlement, et pour cette raison attachent une importance particulière à la conquête des sièges de députés. Pour les communistes, le Parlement est une expression des antagonismes de classe. Il ne fait qu'enregistrer ce qui se passe ailleurs et déguiser l'exploitation des masses sous la phraséologie démocratique. Le Parlement est l'outil d'oppression d'une classe par l'autre. Le communiste n'y entre que pour aider de là la lutte extraparlementaire. Le centre d'activité de l'action communiste est *hors* du Parlement et *hors* des élections. Les élections n'ont pour nous d'importance que dans la mesure où, au moment de la fièvre électorale qui touche des millions d'hommes, nous pouvons mieux nous faire entendre, faire pénétrer nos revendications et notre programme plus profondément dans la masse, rendre nos mots d'ordre plus populaires. La campagne électorale, comme le Parlement, n'est qu'un moyen, un instrument d'agitation et de propagande. C'est de ce point de vue seulement que doit se régler notre conduite dans les élections parlementaires et au Parlement lui-même.

Ce n'est pas par le Parlement que l'on instaurera le socialisme, comme se l'imaginent les leaders du Labour Party, mais par le renversement de tout l'Etat bourgeois, y compris le Parlement. L'essentiel pour le communiste n'est pas le nombre des sièges obtenus, mais l'agitation et la propagande durant les élections. Les sièges parlementaires ne nous intéressent que pour autant que nous pouvons y envoyer des combattants sincères, éprouvés, fidèles au communisme, mettant les intérêts du Parti au-dessus de leur fauteuil de député et des intrigues parlementaires. La campagne électorale n'est pour nous qu'un moyen de conquérir les masses.

## VI. — *La conquête des masses*

C'est là le problème central qui intéressé toute l'Internationale Communiste comme le Parti Communiste français. Le Parti s'est moralement unifié, il a traversé des difficultés dont il est sorti plus fort et plus sain. Mais ses effectifs sont encore relativement faibles. Comment attirer à lui les masses, — telle est la question qui doit intéresser chaque militant et surtout les dirigeants du Parti. La conquête des masses ne se réalise que par l'élargissement des rangs du Parti et l'augmentation de son influence.

Pour le recrutement, il y a progrès, mais insuffisant : il faut imposer à chaque organisation locale des objectifs concrets, quant à l'augmentation de nos effectifs en quantité et en qualité. A cela peuvent servir des « semaines de recrutement » et des campagnes politiques spéciales, une action renforcée dans les syndicats, les coopératives, les associations de locataires et d'anciens combattants. Les prochaines élections doivent également être utilisées. Les élections sont un moment favorable pour le recrutement, quoique dans un pays aux traditions parlementaires aussi pourri que la France, il convienne d'être très prudents pour l'admission de nouveaux membres aspirant aux sièges électoraux. Néanmoins, les les élections doivent et peuvent être utilisées pour l'élargissement et le renforcement de nos rangs.

Le second élément de la conquête des masses, c'est le renforcement de notre influence. Le Parti Communiste français a fait sous ce rapport d'assez grands progrès. Son influence, grâce à sa presse et à son action syndicale, s'est sensiblement accrue. Mais il reste encore un travail gigantesque à faire. *Il faut créer des noyaux dans toutes les entreprises,* prendre la part la plus énergique et la plus résolue à la formation des conseils d'usines, être au premier rang de toutes les luttes économiques et politiques. Mieux vaut avoir quelques milliers de nouveaux adhérents que quelques sièges de plus au Parlement.

## VII. — *Les prochaines élections*

Tout ce qui précède éclaire notre point de vue sur les objectifs concrets qui incombent au Parti dans les élections. Nous allons aux élections pour opposer intégralement notre programme et notre tactique communiste à tous les ennemis de la classe ouvrière. Il fut un temps où les socialistes en allant aux élections mettaient leur drapeau dans la poche. Le communiste va au combat la visière levée. La chose est particulièrement nécessaire en France, où subsistent de vieilles traditions réformistes et anarchistes. Il faut enfin rétablir les rapports convenables entre le Parti et sa fraction parlementaire. Dans l'ancien Parti socialiste unifié, c'était la fraction parlementaire qui dirigeait en fait le Parti. Comme elle était le plus souvent plus adroite, elle entraînait le Parti dans une ligne opportuniste. S'il veut se débarrasser des vieux préjugés enracinés dans le mouvement ouvrier, le Parti Communiste doit accorder une attention particulière à tout ce qui touche les élections et au choix des candidats.

Sous ce rapport, nous estimons très rationnelle la décision de votre Conseil national interdisant aux membres du Comité directeur en dehors des députés actuels, de poser leur candidature. C'est là une solution certainement juste. Un Comité directeur composé en majorité de non députés saura mieux contrôler la fraction parlementaire que s'il n'était composé que de députés. Mais ce n'est pas assez : il faut examiner soigneusement chaque candidature présentée ou soutenue. Il faut se refuser de la façon la plus absolue à présenter ou à soutenir des éléments entrés depuis peu dans le Parti en vue des élections. Il faut chercher à présenter des ouvriers qui ont fait leurs preuves dans la lutte révolutionnaire, donnant des garanties morales et politiques, qui ne se sentiront pas, au Parlement, libres de toute obligation vis-à-vis du Parti. La liste des candidats doit être non seulement examinée par le Comité directeur, mais publiée avec invitation à tous les membres du Parti et aux sans-parti à communiquer tout ce qu'ils peuvent objecter à chaque candidature. On aura ainsi des représentants dignes du Parti Communiste. Il ne faut pas courir après le grand nombre de députés. C'est la qualité qui importe, ainsi qu'une campagne électorale véritablement communiste. Le reste, même les sièges à la Chambre, est secondaire.

## VIII. — *La question de l'antimilitarisme*

Notre Parti aura à accorder une attention particulièrement soutenue à la lutte contre le militarisme. Il ne fait pas l'ombre d'un doute que le cours des événements nous conduit à une nouvelle guerre internationale. La France possède l'armée et l'aviation les plus puissantes du monde. C'est pourquoi notre Parti français doit posséder les meilleures publications antimilitaristes du monde. On ne saurait actuellement estimer la situation comme étant satisfaisante. L'éducation politique de la classe ouvrière doit aller de pair avec la propagande antimilitariste. Autrement tout ce que fait le Parti risque d'être détruit par les baïonnettes. Ce n'est pas à l'Internationale d'indiquer les méthodes de propagande à adopter, mais il n'est pas douteux qu'un des plus importants problèmes pour le Parti Communiste français est la lutte contre la fièvre militariste qui secoue la France contemporaine.

## IX. — *La question coloniale*

Cette question est étroitement liée à la précédente. Le Parti Communiste a très peu fait jusqu'ici pour poser comme il convient la question coloniale. La bourgeoisie, pendant ce temps, ne dort pas. Elle augmente chaque année les effectifs de ses soldats de couleur. Sentant le mécontentement grandissant de la classe ouvrière, peu convaincue que les soldats blancs accepteront de tirer sur leurs frères, elle appelle sous le drapeau de la soi-disant défense nationale des centaines de milliers de soldats indigènes. Le rôle réservé à l'armée de couleur est si évident qu'il ne peut subsister de doute à cet égard.

Que faire ? Avant tout, le Parti Communiste doit montrer aux indigènes exploités par le militarisme qu'il est le seul parti qui veuille vraiment les libérer du joug impérialiste. Il doit, dans la presse, au Parlement, et dans les réunions publiques, lancer l'idée de l'*indépendance des colonies*. Il doit soutenir toute tentative des colonies pour se libérer de la métropole. *L'indépendance des colonies doit devenir un mot d'ordre de combat du Parti Communiste français.* Les socialistes, en demandant « un meilleur traitement » pour les peuples coloniaux, cherchent à renforcer l'impérialisme sur la base de la démocratie. Les communistes, voulant détruire l'Etat impérialiste, doivent lutter avec la dernière énergie pour l'affranchissement total des peuples opprimés par la métropole.

## X. — *L'animation de la vie intérieure du parti*

Le grand effort du Parti Communiste français pour rendre ses effectifs plus homogènes doit être poussé encore plus loin et plus vigoureusement. Les organismes centraux doivent réveiller les énergies latentes des dizaines de milliers d'ouvriers groupés dans le P. C. F. Il faut accorder une attention particulière à la vie, au travail, à l'action des sections.

Or, si nous prenons la plus importante des fédérations,

celle de la Seine, nous y constatons que les sections n'y ont pas une vie suffisamment active. Sous ce rapport, le *Comité directeur et le Bureau fédéral doivent déployer* beaucoup d'initiative, les sections de leur côté, doivent examiner toutes les questions de la vie du Parti et apporter leurs propositions. Le P. C. est fondé sur le principe du centralisme démocratique : ses organes dirigeants sont directement nommés par la masse; puis, d'un congrès à l'autre, ils dirigent l'activité politique et militante du Parti. Chaque section a le droit et le devoir de débattre toutes les questions l'intéressant, de voter sur elles des résolutions précises et de porter ces résolutions à la connaissance des organes centraux.

On ne réussira à animer l'activité des sections que si le Parti Communiste, à mesure que son influence augmente, crée des noyaux d'usines. Ce n'est que lorsque nous aurons des points d'appui dans chaque usine, dans chaque fabrique, que la vie du Parti aura un caractère ouvrier. Ces noyaux ne discuteront pas seulement les questions purement politiques, mais aussi celles concernant la vie intérieure de l'usine. Ils poseront les problèmes qui intéressent et agitent profondément les masses. L'animation de la vie du Parti, le relèvement de l'activité des sections, la création progressive — dans la mesure de l'accroissement du P. C. — de cellules d'usines et de fabriques, telles sont les questions d'organisation qui s'imposent au P. C. F.

## XI. — *CONCLUSION*

Certains symptômes permettent de prévoir que dans quelque temps commencera en France une vague de conflits économiques. La vie a renchéri et les salaires sont restés au même niveau, ce qui ne peut pas ne pas provoquer une protestation résolue et catégorique des masses. Le prochain regain d'activité de la lutte économique et de la lutte politique qui en découle, donnera au Parti Communiste la possibilité d'accroître singulièrement son influence et de pénétrer plus profondément dans les masses. La collaboration qui s'est établie entre le Parti et la C. G. T. U. doit continuer, car elle est la garantie du succès des luttes futures de la classe ouvrière. L'essentiel pour le Parti, c'est la lutte la plus implacable non seulement contre la bourgeoisie, mais contre ses agents dans la classe ouvrière. La prolétariat français ne vaincra pas, tant qu'il ne se sera pas guéri de ses maladies chroniques, réformistes et anarchistes. Seul, le Parti Communiste est en état de débarrasser la conception des masses ouvrières de l'idéologie bourgeoise et anarchiste. Le Parti Communiste peut et doit jeter la lumière nécessaire sur la situation politique de la France et tracer une ligne de démarcation nette entre le prolétariat et la bourgeoisie. Une tâche particulièrement difficile incombe au Parti Communiste français. Il a affaire à une bourgeoisie parfaitement organisée et fière de ses victoires, servie par une soldatesque extrêmement insolente, par une presse vendue jusqu'à la moelle, par des réformistes vulgaires et mesquins, par la phraséologie creuse d'anarchistes bavards. Le Parti saura surmonter toutes ces difficultés qu'il rencontre tant à l'extérieur qu'à l'intérieur de la classe ouvrière, s'il sort de ce congrès plus uni, plus homogène idéologiquement, plus vigilant envers le mouvement prolétarien, plus souple et plus intransigeant envers tout ce qui va à l'encontre des intérêts de la classe ouvrière.

L'Internationale communiste est convaincue que dans le mécontentement croissant du prolétariat et dans les prochaines luttes économiques et politiques, le Parti Communiste français occupera la place d'honneur d'inspirateur et de moteur de la lutte implacable et intransigeante, jusqu'à la victoire complète sur tous les ennemis de la classe ouvrière.

Pour le comité exécutif de l'I. C.,<br>
Et par ordre :

G. ZINOVIEV.

Moscou, le 12 janvier 1924.

## Aux Travailleurs de France

*Un homme est mort, qui n'a vécu que pour la classe ouvrière et qui a consumé au service du prolétariat international toutes les forces vives de son esprit et de son cœur.*

*Lénine n'est plus.*

*Le chef de la révolution universelle, contre lequel montaient les fureurs de la bourgeoisie, vient de disparaître, succombant au mal implacable et sournois qui, depuis de longs mois, rongeait son corps affaibli, miné par les souffrances de la prison, de la misère et de l'exil, et aussi, il faut bien le dire, par les suites de l'attentat criminel de socialistes passés au camp du capital. Pour le prolétariat international, pour la révolution universelle, le coup est terrible. Tous les ouvriers conscients de la destinée de leur classe, tous les paysans qui, de plus en plus nombreux, attendent de l'émancipation des ouvriers, de la dictature du prolétariat, leur propre émancipation, ressentiront cruellement ce coup inexorable; il les atteindra jusqu'au plus profond de leur être.*

*Le prolétariat russe et la révolution soviétique, l'Internationale communiste et l'I. S. R., le prolétariat de tous les pays et la révolution universelle sont aujourd'hui en deuil. Le guide unanimement reconnu vers lequel ils tournaient leurs regards, aux heures difficiles les quitte pour toujours.*

*Son nom, sa mémoire, son exemple leur restent comme autant de flambeaux qui brillent dans les ténèbres et qui ne s'éteindront pas. Avec le nom de Lénine sur les lèvres, avec son image dans le cœur, les prolétaires continueront le combat sans s'écarter un seul jour de la route qu'il avait tracée, où, dès le lendemain de la guerre, il s'était engagé le premier, presque seul, mais sachant bien que, tôt ou tard, il serait suivi par la masse.*

*Lénine aura été, après Karl Marx, dont il se proclamait le disciple enthousiaste et le continuateur inflexible, le plus grand serviteur de la classe ouvrière. La grandeur* de Marx, c'est d'avoir cru à la classe ouvrière, alors qu'étant à peine née, à peine organisée, la classe ouvrière manquait encore de cette foi en elle-même qui fait les révolutions. La grandeur de Lénine, c'est d'avoir cru au prolétariat russe de s'être — déserteur, comme Marx et comme tant d'autres, de la classe bourgeoise — mêlé au prolétariat russe au point de se confondre indissolublement avec lui, au point que, dans cette union intime d'un homme et d'une classe, on ne saura jamais peut-être qui a le plus reçu et qui a le plus donné.

Lénine, disciple de Marx, n'a pas cru seulement à la classe ouvrière, il a cru de la même foi inaltérable et forte à la révolution par la classe ouvrière; non pas seulement à la révolution russe, non pas seulement à la révolution européenne, mais à la révolution mondiale. Et s'il meurt avant d'avoir assisté au triomphe de sa certitude, il meurt, n'en doutons pas, sûr de son triomphe. Il a vu mûrir lentement les épis que la faux des moissonneurs tranchera inéluctablement demain.

Il était le fondateur de la IIIᵉ Internationale, de l'Internationale Communiste. Dès que l'impérialisme eut déchaîné la guerre, où plus de 20 millions d'hommes allaient tomber, Lénine et son parti, ce parti bolchevik qui fut son œuvre et dont on ne peut le séparer, proclama que, du conflit des impérialismes assassins, sortirait tôt ou tard la guerre civile. Et non content de parler, il ne cessa d'agir. Et ce fut Zimmerwald, et ce fut Kienthal, îlots perdus, semblait-il, dans l'infini de la mer sanglante. Et ce fut la IIIᵉ Internationale. Comme Lénine l'avait prédit, la Révolution russe sortit des tranchées, à la pointe du fusil des combattants, et comme il l'avait encore prédit, la dictature du prolétariat sortit de la Révolution russe.

Et tout cela, c'est pour une part immense l'œuvre de Lénine et de son parti. C'est pourquoi aujourd'hui le cœur du prolétariat international palpite avec douleur sur un rythme de deuil.

Haut les cœurs, travailleurs de France ! Tête haute, communistes et sympathisants ! Qu'aucun ouvrier, qu'aucun révolutionnaire ne se laisse abattre. Malgré Lénine mort, la Révolution est debout !

Debout en nous ! Debout dans ce Parti Communiste où vit ineffaçable la pensée marxiste de Lénine ! Debout dans ces syndicats et ces conseils d'usines qui mènent contre la bourgeoisie un combat sans merci ! Debout dans les faubourgs, dans les corons et dans les casernes mêmes où nos jeunes communistes lui font un écho qu'aucun conseil de guerre ne saurait étouffer ! Debout jusque dans les villages où des paysans gagnés à l'idée communiste décorent leurs chaumières de la figure méditative et rude du chef bolchevik ! Debout dans les colonies les plus lointaines, partout où il y a des opprimés qui étouffent, des exploités attendant l'heure.

La Russie fera à Lénine des obsèques solennelles. Que le jour où le grand révolutionnaire descendra dans la tombe au milieu des fleurs, au son de l'hymne à la mémoire de ceux qui sont morts pour la Révolution, que ce jour lui soit partout consacré. Que dans toutes les usines, ne fût-ce que cinq minutes, le travail s'arrête, les bras se croisent, que chacun se joigne en esprit au cortège funèbre. Et que le soir, de toutes les sections communistes, de tous les syndicats révolutionnaires, les mêmes cris jaillissent de toutes les poitrines, les cris de : « Vive Lénine ! Vive la Révolution russe ! Vive l'Internationale Communiste ! Vive le prolétariat universel ! »

LE PARTI COMMUNISTE (S. F. I. C.).

### Le Télégramme du Congrès

Le congrès communiste français apprend avec une profonde douleur la mort du chef du prolétariat révolutionnaire mondial. La classe ouvrière française ressentira, comme celle de Russie, la perte éprouvée par la Révolution. La mort de Lénine commande aux communistes de tous les pays de renforcer leurs liens dans l'Internationale Communiste et au Parti Communiste russe

*de serrer ses rangs plus ferme que jamais pour continuer
sa tâche désormais plus lourde.*

*Les communistes français jurent de rester fidèles aux
enseignements de Lénine et à son exemple.*

LE IIIᵉ CONGRÈS COMMUNISTE FRANÇAIS.

## A la mémoire de Ker

Le Congrès adresse à la mémoire du camarade Antoine
Ker, rédacteur à l'*Humanité*, ancien secrétaire général
du Parti, décédé prématurément le 21 juillet, son salut
plein d'émotion et de regret. Le Parti Communiste n'ou-
bliera jamais les services que lui a rendus aux heures
difficiles le camarade Ker; il gardera le souvenir de sa
modestie, de son désintéressement, de sa haute culture
d'économiste révolutionnaire. Il prie les camarades Made-
leine et Marie Ker, sa compagne et sa sœur, toutes les
deux membres du Parti, de recevoir l'expression de ses
condoléances fraternelles.

## Le salut des travailleurs des régions dévastées au prolétariat allemand

*Les Fédérations du Nord et du Pas-de-Calais, certaines
d'interpréter fidèlement les sentiments des travailleurs
des régions dévastées spoliés chaque jour par les gros
patrons dont les fortunes se sont multipliées à l'aide de
scandaleuses spéculations et de nombreux truquages des
dommages de guerre, demandent à la camarade représentant le Parti allemand de transmettre au prolétariat
de son pays le salut fraternel des ouvriers sinistrés des
régions dévastées par le capitalisme international.*

*Elles proclament que les ouvriers révolutionnaires suivent avec attention les progrès incessants du Parti Communiste allemand et comptent sur la révolution prolétarienne allemande pour les aider à faire rendre gorge aux profiteurs de guerre de tous les pays et à relever les ruines accumulées par les bandits du capitalisme international.*

---

## Appel du 3ᵉ Congrès du Parti Communiste (S. F. I. C.)

### Aux Travailleurs français !
### Aux Travailleurs du monde !

Le troisième congrès du Parti Communiste français, réuni à Lyon, s'adresse aux travailleurs de France et du monde entier.

La France capitaliste vient de vivre une heure tragique de son existence : pour la première fois, elle a ressenti l'ébranlement annonciateur de sa fin. Ce que les communistes affirment depuis la guerre, et dont elle se riait, — elle l'a tout à coup entrevu. La chute rapide du franc lui a donné pour la première fois conscience du danger. Et c'est elle-même qui compare sa position économique d'aujourd'hui à sa situation militaire de Verdun, où son sort était à la merci d'un hasard de la guerre.

La France capitaliste croyait échapper aux conséquences économiques de la guerre mondiale. Ayant bénéficié pour un temps de la victoire des alliés, grâce à l'oppression et à l'exploitation des peuples vaincus innocents, elle s'est grisée de sa prospérité apparente. Le moment est venu de déchanter. La catastrophe de 1914 a frappé à mort le régime lui-même et la France bourgeoise ne sera pas épargnée.

Comme l'Internationale Communiste l'a prévu, la question qui détermine la vie politique et sociale de l'Europe et dont la réponse décidera du sort de l'humanité, c'est celle de savoir qui paiera les frais gigantesques du honteux massacre. La bourgeoisie française a proclamé que « l'Allemagne paiera » ; elle a menti. Les ruines, les désastres et les dettes sont là. L'Allemagne capitaliste n'a pas payé et ne paiera pas. Ce sont les travailleurs français et allemands qui commencent à payer et qui paieront, à moins qu'ils ne se révoltent.

Au lendemain du carnage mondial, le prolétariat des tranchées et des usines était résolu à ne pas supporter les frais d'une guerre qu'il n'avait pas voulue, et qui n'a été provoquée et conduite que dans l'intérêt de groupes capitalistes rivaux. La révolution partie victorieusement de Russie, gagnant les Balkans, la Hongrie, l'Autriche et l'Allemagne, s'annonçait même dans les Etats victorieux. Les travailleurs étaient animés d'une grande espérance de libération et d'une farouche volonté de vaincre. Mais ils n'avaient pas alors, sauf en Russie, de parti communiste pour les organiser et les guider. La deuxième Internationale socialiste les trahit et sauva la bourgeoisie. Le prolétariat européen fut vaincu et la Révolution russe resta seule, encerclée, bloquée, assiégée.

La bourgeoisie fit payer cher à la classe ouvrière son inquiétude d'un jour. Elle réprima le mouvement prolétarien avec une férocité sans exemple dans l'histoire. En Hongrie d'abord, où la Révolution fut trahie par les social-démocrates et les syndicalistes-réformistes, de connivence avec les généraux alliés, la réaction se livra à des vengeances atroces. En Allemagne, les social-démocrates eux-mêmes se firent les bourreaux des ouvriers de Berlin, de Munich et de la Ruhr. Les pays limitrophes de la Russie, la Finlande, les Etats baltiques et la Pologne furent plantés de potences et de poteaux d'exécution, leurs prisons bondées de prolétaires et de révolutionnaires. L'Italie, l'Espagne et la Bulgarie, conquises par des coups de force réactionnaires, sont devenues des bagnes pour les ouvriers. Une réaction implacable règne sur une grande partie de l'Europe.

Mais si le prolétariat fut momentanément vaincu, il n'est pas écrasé. En dépit des exactions de la bourgeoisie et de la social-démocratie, il a repris conscience de sa force. Et, malgré des persécutions sans nombre, des partis communistes sont nés dans tous les pays, une nouvelle Internationale révolutionnaire s'est formée et grandit, appuyée sur la Révolution russe irréductible. Le mouvement communiste se développe et se fortifie, gagne des masses et tient tête aux gouvernements bourgeois.

En même temps que l'idée et l'organisation communistes progressent, la faillite de la démocratie bourgeoise s'avère irrémédiable. La soi-disant Société des Nations est un objet de dérision universelle — dans son impuissance caricaturale. Les partis démocratiques, complices actifs ou passifs de la terreur blanche tombent dans le discrédit. Partout, la lutte des classes s'amplifie et le combat se livre entre la réaction et la révolution.

La France impérialiste a précipité encore les événements qui aboutiront à son désastre, en donnant cours aux appétits insatiables de sa ploutocratie dominante. Elle a envahi les plus riches territoires allemands, occupé la Ruhr, sous le prétexte public d'imposer l'exécution du traité de Versailles, en réalité pour assurer l'hégémonie du monde industriel. Mais déjà, la rivalité des groupes capitalistes concurrents lui vaut l'hostilité de ses alliés de guerre, bien résolus à contrecarrer sa monstrueuse expansion.

La France impérialiste a, contre elle, non seulement tous les peuples qui haïssent l'oppression, mais tous les capitalismes qui jalousent son insolente fortune. Par son opération criminelle de la Ruhr, elle a définitivement consacré la faillite du chiffon de papier de Versailles, de ses signatures sans valeur arrachées par la violence et répudiées par les travailleurs des deux continents. Elle n'a réussi qu'à ruiner l'Allemagne laborieuse, à affamer cruellement un grand peuple, en attendant d'infliger la même ruine et la même famine au peuple français.

Les premiers signes de la débâcle sont apparus. La monnaie française subit une dépréciation qui rappelle celle de l'argent allemand, trois ans plus tôt. Le prix de la vie s'élève sans arrêt. Les salaires ouvriers perdent chaque jour de leur valeur réelle. Les classes moyennes sont menacées dans leur niveau d'existence. Le gouvernement, après avoir masqué l'état précaire de ses finances avec le concours de la presse pourrie, avoue la gravité de la situation et recourt à des procédures d'exception. Un parlement domestiqué s'apprête à voter sept milliards de nouveaux impôts qui retomberont sur la masse travailleuse. Les projets de loi d'intérêt social sont écartés, la loi de huit heures menacée d'abrogation.

De quelque côté que se tourne la ploutocratie française, elle ne voit que des ennemis, car mieux vaut ne pas parler de ses vassaux, acquis au prix de milliards et qui l'abandonneront dès qu'il n'y aura plus d'argent à toucher. Et voici qu'elle doit compter avec une renaissance manifeste du mouvement prolétarien occidental.

En Allemagne, le Parti Communiste est devenu la force dirigeante du prolétariat éveillé; près d'engager la lutte pour la révolution, il a dû ajourner son effort décisif devant la félonie renouvelée de la social-démocratie; mais la situation reste profondément révolutionnaire et les masses ouvrières, réduites à une condition misérable, donneront l'assaut contre la bourgeoisie lorsqu'elles auront éliminé leurs dirigeants indignes et seront convaincues de la nécessité d'engager une lutte sans merci.

En Angleterre la conscience de classe du prolétariat s'est exprimée sous la traditionnelle forme parlementaire, en attendant des expressions plus efficaces. Mais en ouvrant au Labour Party le chemin du pouvoir, elle franchit une étape indispensable vers la lutte révolutionnaire et dresse contre l'impérialisme français un obstacle d'importance. Et en attendant l'inévitable déception que le gouvernement travailliste apportera aux ouvriers britanniques, par l'usage des moyens parlementaires et des procédures démocratiques, inventés pour consolider le régime bourgeois, le Labour Party ne pourra pas ne pas s'opposer aux menées impérialistes de la France.

Le déclin de l'impérialisme occidental fait un saisissant contraste avec l'essor ininterrompu de la grande Union des Républiques soviétiques. Cette révolution russe, si décriée, si honnie, si bafouée, si calomniée, si accablée d'ennemis à l'intérieur et à l'extérieur, elle est debout, plus forte que jamais, après six ans de lutte, invaincue, invincible. Seule, la République soviétique, livrée au travail pacifique et constructeur, donne au monde l'exemple de la prospérité, de la création, de la vraie grandeur.

Les Etats bourgeois, qui avaient juré la perte du premier Etat prolétarien, se résignent à lui reconnaître le droit à l'existence, s'avouent impuissants même à l'ignorer. La reconnaissance de la République des Soviets est partout à l'ordre du jour. L'Italie fasciste et l'Angleterre travailliste s'apprêtent à la proclamer. La France réactionnaire elle-même devra tôt ou tard s'y décider. C'est la victoire indiscutable de la Révolution prolétarienne sur un sixième du globe, la victoire du Parti Communiste de Russie.

Les communistes de toute la terre sont fiers de leurs frères russes et n'aspirent qu'à les égaler. Le Parti Communiste français déclare qu'il mènera sans répit une guerre implacable au régime de sang de l'impérialisme et que, dans sa conscience du rôle particulièrement néfaste de l'impérialisme français, il redoublera d'efforts pour le briser. Avec l'année 1924 commence une lutte opiniâtre pour la formation en France du Bloc des ouvriers et des paysans travailleurs, pour l'avènement au pouvoir d'un gouvernement ouvrier et paysan, étape vers la révolution. Les travailleurs français, les exploités, les opprimés, tous ceux qui aspirent à la justice sociale, se rallieront au seul parti dont l'intérêt s'identifie au leur, dont la raison d'être est de faire triompher leur cause. Les travailleurs du monde entier, pour aider à la victoire de leurs frères de France, grossiront les rangs de l'Internationale communiste.

Prolétaires de tous les pays, unissez-vous!

Unissez-vous sous le signe de la Troisième Internationale !

*Le IIIe congrès du Parti Communiste français.*

# DEUXIÈME PARTIE

## POLITIQUE GÉNÉRALE

### Tactique et organisation

*Le Parti, depuis le Conseil national de Boulogne, qui marqua la fin de la crise consécutive au congrès de Tours, s'est efforcé d'agir sur tous les terrains, comme une section communiste soucieuse de participer fidèlement et activement au travail général de l'Internationale.*

*Il a dû procéder à sa réorganisation intérieure, créer avec des forces limitées des cadres nouveaux, faire face, à l'aide d'un personnel parfois insuffisamment expérimenté, à une situation nationale et internationale très complexe.*

*On ne saurait donc s'étonner que son activité n'ait pu suffire à tout, que toutes les initiatives prises n'aient pas été également heureuses, que des erreurs nombreuses et graves aient été commises.*

*Le congrès, en signalant ces erreurs et en recherchant le moyen de les corriger ne méconnaît ni l'importance des efforts accomplis, ni la valeur des résultats qui restent comme des progrès acquis. Il met en pratique la méthode critique recommandée par l'Internationale Communiste comme le meilleur moyen d'améliorer la tactique et l'action d'un parti révolutionnaire.*

*Le congrès constate que la cause principale des erreurs commises doit être cherchée dans la conception insuffisamment claire du rôle d'un Parti Communiste, qui domina toute l'activité des fédérations et de l'organisme central durant l'année dernière.*

*En ce qui concerne la direction, on peut dire que, dé-*

sireuse d'aller à l'inverse du fédéralisme et de l'action relâchée de l'ancien Parti, elle a établi un centralisme excessif, une discipline trop mécanique et que ses préoccupations nécessaires d'organisation intérieure et administrative, ainsi que certains défauts de fonctionnarisme et de bureaucratie, ont gêné son travail politique. Il n'a pas été consacré au recrutement les efforts nécessaires, par suite de la conception erronée de sélectionner trop rigoureusement les nouveaux adhérents à l'entrée du Parti au lieu de réaliser cette sélection dans l'organisation à l'épreuve du travail, de l'action, par suite aussi d'une tendance à délaisser l'œuvre du recrutement dans la masse inorganisée pour la concentrer dans le mouvement syndical.

Il convient de rappeler à cet égard, pour l'édification définitive des membres du Parti, les indications très nettes du III' congrès mondial :

« Dès le premier jour de sa fondation, l'Internationale Communiste s'est donné pour but clairement et sans équivoque, non pas de former de petites sectes communistes cherchant à exercer leur influence sur les masses ouvrières uniquement dans l'agitation et la propagande, mais de prendre part à la lutte des masses ouvrières, de guider cette lutte dans le sens communiste et de constituer dans le processus du combat de grands partis communistes révolutionnaires.

« Déjà, au cours de sa première année d'existence, l'Internationale a répudié les tendances sectaristes en prescrivant aux partis affiliés, si petits fussent-ils, de collaborer aux syndicats, de contribuer à vaincre la bureaucratie réactionnaire de l'intérieur des syndicats et de les transformer en organisations révolutionnaires des masses prolétariennes, en instruments de combat. »

La même thèse invite les partis communistes à se mêler activement à la lutte pour les revendications immédiates des travailleurs, à donner pour objectif à ces partis de conquérir au communisme la plus grande partie des ouvriers en vue de l'assaut final contre la bourgeoisie.

*Il est clair que ces principes n'ont pas suffisamment inspiré l'action du Parti français en 1923 et que l'on n'a pas suffisamment trouvé le moyen de les mettre en œuvre.*

*Ces critiques s'adressent non seulement à la direction, mais au Parti tout entier, qui s'est replié sur lui-même au lieu de se développer par un continuel effort d'extension et de conquête.*

## Sur le centralisme

*Le bureau politique a absorbé presque tout le travail de direction. Le Comité directeur n'a pas suffisamment joué son rôle; on a limité son activité à des discussions administratives. Il en est résulté une sorte de congestion qui a gravement affecté l'action centrale du Parti. Le bureau politique, accablé par des tâches multiples n'a pas toujours pu trouver en face de chaque événement la solution qui s'imposait, et ses membres n'ont pas eu, de ce fait, la possibilité de remplir au mieux leurs tâches individuelles. Nos fédérations et sections, se croyant tenues d'attendre les indications du centre, se sont trop souvent abstenues d'agir.*

## Sur la discipline

*La soi-disant liberté de discussion qui faisait du Parti un club au lieu d'un Parti de combat, avait pu, depuis le congrès de Tours, engendrer des crises redoutables. Mais paralyser l'esprit d'initiative et de controverse aboutit à diminuer la vie intellectuelle et à nuire au développement de la maturité et du sens politique des militants du Parti.*

*On a trop souvent confondu dénigrement et luttes systématiques de tendances, avec critiques et suggestions dans le sens d'une meilleure application des décisions des congrès.*

### Sur la liaison du centre avec les militants

La direction n'a pas réussi à intéresser la masse des adhérents aux problèmes politiques à résoudre. C'est pourtant par ce travail d'éducation politique qu'il est possible de remédier au manque de cadres dont on se plaint partout, en suscitant des énergies et des capacités nouvelles. Les militants ignoraient trop souvent les grands problèmes discutés par le centre.

Cependant, les délégations régionales, malgré les critiques auxquelles elles ont pu donner lieu, la réunion tous les deux mois des délégués régionaux, ont constitué un effort, bien insuffisant encore, en vue d'établir cette liaison.

Le Parti, dans ces conditions, n'a pas joué pleinement son rôle politique que les grands événements commandaient.

Il a fait face, avec courage, aux répressions, à la réaction; il a accompli, sans défaillance, son devoir de solidarité internationale; mais il n'a pas, avec la force suffisante et la continuité indispensables, développé l'agitation révolutionnaire, frappé l'opinion, entraîné les masses.

Cette insuffisance de liaison du Parti avec les masses s'est révélée en diverses occasions (manifestations de rue, explication de l'arrêt de la Révolution allemande, propagande ou recrutement, etc.)

Même insuffisance pour l'aide quotidienne aux revendications immédiates de la classe ouvrière, à la bataille qui doit être menée sans délai et sans répit pour la reconstitution de l'unité syndicale en France, à la campagne pour la création des conseils d'usines dont l'idée même n'a pas été jusqu'ici vraiment popularisée.

Il convient cependant de signaler certains efforts dans ce sens, dans le Nord et le Pas-de-Calais par exemple.

### Résolutions à prendre

Le congrès estime que pour remédier aux erreurs du Parti et lui permettre de jouer son rôle de guide du *prolétariat révolutionnaire, il faut qu'il opère une sérieuse révision de son organisation intérieure et de ses méthodes d'action extérieure.*

### Organisation intérieure

Le Comité directeur du Parti doit exercer effectivement la direction politique. Le bureau politique ne doit prendre de décisions que lorsque les événements soudains exigent une solution immédiate.

La direction devra se mettre en liaison étroite avec les fédérations, leur fournir tous les matériaux nécessaires à des études et à des discussions politiques et solliciter sans cesse leurs critiques et leurs suggestions, ceci, bien entendu, dans le cadre des décisions et des directives de l'Internationale Communiste.

C'est dans les débats politiques de ses sections que le Parti et ses adhérents forgeront les armes avec lesquelles ils combattront pour la cause révolutionnaire.

Une vie politique intense est nécessaire à la formation des cadres qui nous manquent. De plus, il faudra s'attacher à créer dans les principaux centres, des écoles marxistes sur le type de celle qui existe à Paris.

### Action extérieure

Le Parti devra :

1. Lutter contre toute déviation qui tendrait à faire de lui une secte. Il s'efforcera de devenir le Parti même de la classe ouvrière dont il défend tous les intérêts, toutes les revendications et dont il prépare l'affranchissement par la Révolution;

2. Renforcer systématiquement la puissance du Parti par un inséparable travail de propagande et de recrutement poursuivi partout et en particulier à l'usine elle-même et à l'occasion de toutes les grandes campagnes engagées par lui, de manière à faire entrer dans ses rangs toutes les forces conscientes du prolétariat révolutionnaire;

3. Hâter la formation des cellules d'usines par lesquelles la propagande et les mots d'ordre du Parti pourront mieux pénétrer le prolétariat. Faire une propagande énergique pour les conseils d'usines en les créant au moment des mouvements économiques de masses (grèves, etc.);

4. Mener une propagande inlassable pour le rétablissment de l'unité syndicale, sans laquelle aucune revendication ouvrière ne sera menée à bonne fin;

5. Faire pénétrer dans la classe ouvrière organisée ou non la nécessité de l'unité de front prolétarien. L'emploi de lettres ouvertes aux chefs des partis se réclamant de la classe ouvrière est insuffisant. Il doit être la conséquence d'une préparation politique préalable et entouré d'une agitation constante. Le front unique ne saurait impliquer ni l'atténuation du droit de critique communiste envers les réformistes, ni le renoncement au devoir d'initiative du Parti. Celui-ci doit conserver l'initiative de l'action, ou la ressaisir s'il la perd. En aucun cas, il ne doit subir l'influence d'organisations irresponsables et non contrôlées par la classe ouvrière;

6. Elaborer un programme de revendications immédiates s'inspirant des intérêts pressants du prolétariat et fournissant à celui-ci une base suffisante pour sa lutte, qui doit s'élargir au fur et à mesure des besoins et des possibilités jusqu'à la conquête du pouvoir;

7. Enrayer toute déviation électoraliste ainsi que toute démagogie anti-parlementaire, l'une étant nécessairement la conséquence de l'autre, et veiller à l'utilisation strictement communiste de l'action électorale et parlementaire.

Par l'application de ces règles tactiques tracées par l'Internationale elle-même, le congrès estime que l'action communiste, débarrassées d'erreurs passagères, est assurée de prendre dans la France ouvrière et paysanne le développement nécessaire à une préparation efficace de la Révolution.

# La politique de la Ruhr

*Le Congrès du Parti Communiste, à l'expiration de la première année de la politique de la Ruhr de Poincaré-la-Guerre, constate que toutes les prévisions de l'Internationale Communiste et du P. C. F. telles qu'elles ont été établies en particulier à la Conférence internationale d'Essen et à la Conférence internationale des conseils d'usines de Francfort, se sont réalisées et qu'elles ont même été surpassées.*

*La politique néfaste du Bloc National a amené un ébranlement profond de l'équilibre européen, détruit définitivement les fondements de l'Entente, approfondi les antagonismes entre la France et l'Angleterre et rendu presque inévitable une nouvelle guerre sanglante entre ces deux puissances qui aspirent à l'hégémonie européenne.*

*Sous aucun rapport, cette politique n'a contribué à rendre la santé au monde capitaliste. Grâce à elle l'économie allemande est ruinée, le peuple allemand, voué à la plus grande misère, est devenu la proie du grand capitalisme international. L'esclavage du prolétariat allemand est la conséquence effroyable de cette politique. Au lieu de l'écrasement promis du militarisme allemand, la conséquence de la politique de la Ruhr a été le renforcement de ce militarisme et l'instauration d'une dictature militaire en Allemagne, ce qui a créé un effroyable danger pour le prolétariat international et pour la paix mondiale. La haine nationale en a été extrêmement attisée.*

*Pour le peuple français le résultat de la politique de de la Ruhr c'est la chute du franc, la vie chère, le minimum d'existence du prolétariat menacé et l'anéantissement de la plus grande partie de la fortune des classes moyennes.*

*Ainsi que les communistes l'ont souligné dès le début, la politique de Poincaré n'a pas été une lutte contre les fauteurs de guerre et les bénéficiaires de la tuerie en*

Allemagne, lutte qui aurait supposé au préalable la même lutte contre les criminels et les brigands aussi en France. Or, cette lutte a amené, au contraire, à l'heure actuelle, une entente entre le grand capitalisme français et allemand dans le but de pressurer en commun le prolétariat allemand et le prolétariat français.

De même que dès le début, toutes les cruautés de l'invasion militaire ont atteint les ouvriers allemands et ont coûté des centaines de victimes aux travailleurs allemands, de même actuellement le gouvernement français met toute une armée à la disposition des industriels allemands mands pour briser définitivement la résistance du prolétariat allemand contre sa mise en esclavage.

Complice de l'industrie lourde allemande et de la dictature militaire si criminelles, les autorités françaises d'occupation dans la Ruhr ont institué un régime de terreur. Les journaux communistes sont interdits, les imprimeries fermées. Les machines et l'outillage d'imprimerie ont été pillés par les autorités militaires. De nombreux ouvriers sont emprisonnés, le système de la lettre de cachet est de nouveau instauré dans la Ruhr. Dans les prisons sévit la torture, telle qu'elle semblait avoir disparu en Europe depuis le moyen âge. Contre les ouvriers allemands qui luttent pour leur existence, on dresse la force armée de France.

Le Congrès du Parti Communiste français proteste avec la dernière énergie contre ces agissements scandaleux et ces cruautés du militarisme. Le congrès envoie à ses frères allemands en lutte sur les bords du Rhin et de la Ruhr ses plus cordiales salutations. Il sait apprécier le magnifique héroïsme qui se manifeste dans la grève générale du prolétariat allemand diffamé. Le congrès rappelle à tous les prolétaires français que la lutte du prolétariat allemand pour son existence et sa liberté est en même temps une lutte pour le prolétariat français. Car le capital français et le capital allemand unis n'hésiteront pas à préparer aux ouvriers français le même sort qu'aux ouvriers allemands.

La réduction brutale des salaires en Allemagne abaissera aussi les salaires en France. Une fois la journée de huit heures perdue en Allemagne, elle le sera vite en France.

Pour ces raisons, le congrès charge son nouveau Comité directeur de sceller encore plus solidement l'alliance du prolétariat français et du prolétariat allemand en lutte et dans ce but de prendre, en commun avec le Parti Communiste d'Allemagne toutes les mesures nécessaires.

Avant tout, il faut créer un comité mixte issu des Partis Communistes français et allemands chargé d'organiser la propagande et l'action commune.

Il faut prendre toutes les mesures pour mettre les syndicats révolutionnaires français en contact tout à fait étroit avec le mouvement allemand des conseils d'usines.

Il est particulièrement nécessaire de former des comités d'actions de mineurs, de cheminots, de métallurgistes allemands et français en général et tout spécialement dans le Nord de la France et dans la Ruhr.

De cette façon la classe ouvrière des deux pays prendra en main comme cela est nécessaire le règlement du problème des réparations, non plus aux dépens des pauvres et des misérables mais en le mettant au compte de la bourgeoisie et des profiteurs de la guerre.

Notre première revendication c'est : Libérez toutes les régions occupées !

Le congrès a clairement conscience que la politique de la Ruhr est la conséquence inévitable de la politique de guerre et en même temps la seule politique qui soit possible à la bourgeoisie française. C'est pourquoi au lieu de nourrir des espoirs dans la politique pacifiste du Bloc des gauches, il appelle les ouvriers et les paysans français et tous ceux qui souffrent des conséquences de cette politique néfaste à une même lutte révolutionnaire avec le prolétariat allemand, qui, en renversant le capital monopolisateur international des Stinnes et des de Wendel peut seul amener le salut des peuples.

———

## Question syndicale

*Au lendemain du meeting sanglant de la Grange-aux-
Belles et des funérailles des deux travailleurs tombés
sous les balles des agents provocateurs de la bourgeoisie,
le Congrès national du Parti Communiste ne peut fixer
les grandes lignes du programme d'action des communistes dans les syndicats sans dégager, tout d'abord,
la dure leçon que comportent ces tristes événements.*

*Le Parti avait non seulement le droit, mais le devoir,
à l'occasion de l'anniversaire de la Ruhr, d'établir le
bilan de cette opération de brigandage impérialiste et
d'en montrer aux travailleurs les répercussions économiques. En quoi y avait-il là une tentative de déposséder
les syndicats de leur travail revendicatif et de se substituer à eux dans l'action ? Et qui pourrait contester
au Parti le droit de lutter en toutes circonstances pour
les revendications ouvrières ?*

*En aucune manière le Parti n'est responsable ni cou-
pable de la tuerie du 11 janvier. Celle-ci formera dans
l'histoire de notre mouvement un chapitre digne des
machinations policières du capitalisme américain, mar-
quées au fer rouge par Sinclair dans 100 pour 100.
Aveuglés, les adversaires du Parti et de la C. G. T. U.
acceptent de se mettre, dans leurs critiques et dans leurs
actes, au diapason des agents provocateurs que le patronat et le gouvernement glissent dans leurs rangs.*

### L'Unité syndicale

*Au moment où une nouvelle scission menace le mou-
vement syndical, le congrès de Lyon du Parti Communiste demande aux communistes syndiqués de travailler
plus fermement que jamais à la reconstitution de l'unité
syndicale. Aujourd'hui, avec deux C. G. T., le mouvement syndical est divisé et impuissant. Demain, avec
trois C. G. T., il serait forcément plus divisé et plus
impuissant. L'intérêt de la classe ouvrière commande*

qu'il n'y ait qu'une seule C. G. T. Plus grande est la division, plus grande est la nécessité de rétablir l'unité.

Le congrès dénonce le danger que le syndicalisme d'affinités ferait courir au mouvement syndical en le démembrant en autant d'organisations qu'il existe de courants d'opinions. La classe ouvrière est une, sous l'exploitation patronale; elle est une dans le syndicat ; celui-ci doit embrasser tous les travailleurs, sans distinction de tendances.

Le congrès dénonce la manœuvre criminelle qui consiste à réaliser une soi-disant unité syndicale d'où serait exclue la majorité de syndicats qui s'est affirmée au congrès de Bourges de la C. G. T. U. — une soi-disant unité syndicale qui engloberait les responsables de la scission de 1921 et les responsables de la scission de 1924, unis par une même haine du communisme et de la Révolution russe.

Si le Parti Communiste français avait été à la hauteur de sa tâche au point de vue syndical en 1921, il aurait pu conjurer la première scission. Il n'a pu rendre alors cet important service à la classe ouvrière. Il doit aujourd'hui lui rendre le service de travailler de toutes ses forces, par tous ses membres adhérents à l'une ou à l'autre C. G. T., ainsi qu'aux syndicats autonomes, au rétablissement de l'unité syndicale.

La résistance à l'unité s'est produite du côté de la C. G. T. Lafayette. C'est elle qu'il faut réduire. Le congrès de Lyon demande aux communistes syndiqués rue Lafayette de sortir de leur silence et de leur passivité, d'être dans leurs syndicats, leurs Unions départementales, leurs fédérations et à la C. G. T. Lafayette, les champions de l'idée du rétablissement de l'unité; il demande aux commissions syndicales de porter 75 p. 100 de leur activité sur ce champ d'action. Il faut qu'elles traduisent et coordonnent la volonté certaine d'unité qui existe dans la fraction de la classe ouvrière organisée rue Lafayette.

Les communistes le feront en gagnant leurs syndicats à la proposition d'un congrès général d'unité faite depuis longtemps déjà par la C. G. T. U., en poussant à la constitution de comités mixtes à tous les échelons de l'organisation syndicale, en répandant l'idée du front unique et en s'efforçant de le réaliser à la base parmi les travailleurs des fabriques, des usines, par le moyen des congrès d'usines et des conseils d'usines.

La scission syndicale ne fut pas simplement l'œuvre des chefs réformistes; la reconstitution de l'unité se heurtera à d'autres obstacles qu'à ceux qui seront dressés par les chefs.

La scission se produisit le jour où les révolutionnaires triomphèrent dans un congrès fédéral des cheminots. Le gouvernement ne pouvait tolérer une Fédération des Cheminots unie et puissante, aux mains des révolutionnaires et capable de le prendre à la gorge dans une grande occasion. C'est lui qui ordonna à Bidegaray d'opérer la scission. De même que c'est lui qui ordonna à Jouhaux d'effectuer l'opération chirurgicale de la scission sur le grand corps de la C. G. T., à la veille du jour où les révolutionnaires allaient y conquérir la majorité et s'emparer de la direction.

La lutte pour l'unité syndicale est une lutte contre le pouvoir bourgeois, c'est une lutte révolutionnaire. Les communistes syndiqués doivent être les plus ardents à la mener au sein de leurs organisations syndicales.

### Action urgente

Depuis des années, le mouvement syndical s'épuise en querelles intestines de tendances; il piétine sur place. Il court le risque de voir crouler la digue élevée par la grève du Havre devant l'offensive patronale contre les salaires. De graves dangers menacent la classe ouvrière. Si elle ne réagit pas sans retard, elle est appelée à voir la baisse du franc avilir la valeur de son salaire et faire tomber son niveau de vie comme les ouvriers allemands ont vu tomber le leur. Elle verra la journée de huit heures balayée par les accords entre les capitalistes français et allemands.

Il est grand temps que les syndicats tournent les yeux vers les tâches qui constituent leur raison d'être, qu'ils appellent les travailleurs à l'action urgente pour la défense de leurs conditions de vie, qu'ils cessent d'être absorbés par les querelles byzantines de tendances. L'ennemi est aux portes. Le capitalisme s'apprête à faire peser sur les épaules de la classe ouvrière tout le poids de la formidable crise économique qui vient de s'ouvrir. Demain, il serait trop tard. C'est aujourd'hui qu'il faut agir, qu'il faut redresser la classe ouvrière.

C'est l'action contre le capitalisme qui assainira l'atmosphère syndicale. C'est l'action pour des objets concrets qui redonnera confiance en elle-même à la classe ouvrière. C'est dans l'action que les travailleurs reforgeront leur unité syndicale.

Ainsi qu'il l'a proclamé dans la résolution de son dernier Conseil national, le Parti n'entend pas se substituer aux syndicats dans l'action, pas plus que s'immiscer dans leur vie administrative, mais il proclame aussi que c'est le devoir des syndiqués communistes d'impulser les syndicats vers l'action, de dépêtrer le mouvement syndical des querelles funestes où il s'enlise.

### Recrutement syndical

La classe ouvrière va être obligée d'engager de vastes et décisives batailles ; malheureusement, les syndicats sont squelettiques. Le nombre total des syndiqués dans les deux C. G. T. ne dépasse guère 700.000, alors qu'il existe en France 9 millions d'ouvriers et d'ouvrières de l'industrie et 3 millions d'exploités agricoles. L'organisation syndicale actuellement compte donc 5 ou 6 p. 100 du contingent ouvrier. Restent en dehors d'elle 95 p. 100 d'ouvriers. Un vaste effort de recrutement syndical doit être fourni et soutenu dans toutes les directions et particulièrement dans les branches de la grande industrie parmi les ouvrières, parmi les apprentis et les jeunes ouvriers, parmi les travailleurs coloniaux, parmi les travailleurs étrangers.

Tandis que la classe ouvrière est aujourd'hui divisée et inorganisée, le patronat est sorti de la guerre formidablement organisé, équipé de pied en cap. Les organisations patronales de la grande industrie, utilisées par l'Etat comme grands services de fabrications de guerre, sont toutes puissantes et dominent leurs industries. A côté d'elles et stimulées d'ailleurs par elles, nous voyons pousser comme des champignons les organisations du moyen et du petit patronat. Si bien qu'on a pu dire que le nombre des patrons organisés, atteignant 800.000, était supérieur au nombre de leurs exploités organisés.

### Les commissions syndicales

Action, unité, recrutement, telles doivent être les préoccupations immédiates des syndiqués communistes ; telles doivent être celles de tous les syndiqués, de toutes les organisations syndicales. Le Congrès de Lyon l'attend d'eux, comme il attend que se développent et se perfectionnent, du haut en bas du Parti, les commissions syndicales.

Le dernier congrès de la C. G. T. U. a reconnu le plein droit des tendances du mouvement syndical à s'organiser. Les communistes syndiqués ont conquis ce droit et personne aujourd'hui ne peut le contester. Mais il s'agit de démontrer par des faits que loin d'affaiblir le syndicalisme, nos commissions syndicales sont destinées à accroître sa force.

Il n'est pas possible qu'un ouvrier communiste ne soit pas à son syndicat. Il n'est pas possible qu'à l'atelier ou dans son syndicat, il soit un élément passif. Dans toutes les sections du Parti doivent fonctionner des commissions syndicales formées d'ouvriers et d'ouvrières, d'employés et de fonctionnaires chargés d'organiser dans la section l'éducation syndicale des membres du Parti, chargés de rassembler les hommes d'action. Ainsi nos sections seront à même de fournir au mouvement syndical des militants avertis et décidés.

Dans chaque fédération doit fonctionner méthodiquement une commission syndicale fédérale stimulant l'activité des communistes syndiqués dans les syndicats lafayettistes, dans les syndicats unitaires et autonomes, poussant à la convocation de congrès d'usine, de conférences régionales d'ouvriers d'une même industrie.

Au centre du Parti, la commission syndicale centrale doit redoubler d'activité et se livrer à l'examen de tous les grands problèmes syndicaux, afin que les ouvriers communistes soient en mesure d'apporter les solutions les plus conformes à l'intérêt de la classe ouvrière et de la Révolution. Ainsi ils seront outillés et armés pour travailler utilement dans les syndicats. Ainsi ils pourront se retourner vers leurs adversaires de tendances et leur dire : « Avez-vous apporté autant que nous au mouvement syndical ? » Ainsi ils pourront se retourner vers la classe ouvrière et lui dire : « Voilà ce qu'ont fait ceux que l'on vous disait poursuivre la désorganisation des syndicats! »

Méthodiquement, inlassablement, les syndiqués communistes et leurs commissions syndicales doivent travailler dans la voie que nous venons de tracer. Les commissions syndicales poursuivront avec ardeur leur tâche nettement précisée, sans se laisser distraire ou arrêter par la bataille électorale de ce printemps, bataille qu'elles laissent aux organismes qualifiés du Parti le soin de mener parallèlement à la leur.

Pour elles, leur tâche se résume à mettre en mouvement les syndiqués communistes de tout le pays pour que le mouvement syndical sorte du marasme présent et passe à l'action, pour qu'il reconstitue son unité organique, pour qu'il embrasse, non plus 5 p. 100 des ouvriers salariés, mais 10, 20, 30 p. 100 ou plus, en attendant le jour où pas un seul ouvrier ne restera en dehors du syndicat.

Les Commissions syndicales et le Parti. Communiste ne peuvent que se référer aux directives tracées par le II° congrès de l'I. S. R. Depuis un an, la C. G. T. U. a donné son adhésion, mais les résolutions de l'Interna-

*tionale syndicale rouge sont encore trop ignorées. Les faire connaître et surtout les faire entrer en application, telle est la tâche principale la plus urgente.*

---

## Résolution pour les prochaines élections

*Le Parti Communiste est par définition même le parti du prolétariat. Il est l'instrument de la classe exploitée dans laquelle il forme son noyau fondamental. S'il bénéficie de l'adhésion de paysans sans terre et de non-salariés, ce ne peut être que dans une mesure trop faible pour altérer son caractère spécifique de classe et son idéologie prolétarienne.*

*Le Parti doit avoir constamment en vue d'assurer dans ses cadres et sa représentation la prédominance et l'influence prolétariennes, afin de refléter le plus possible dans sa composition la physionomie de la classe dont il représente l'intérêt. Les non-salariés ralliés au Parti de la Révolution, ceux qui ont rompu définitivement avec leur classe d'origine se mettent dans notre Parti au service de la cause prolétarienne et se montrent par leur conduite, leur activité, leur dévouement, dignes de la confiance de leur classe d'adoption.*

*C'est pourquoi, à l'occasion des élections comme en toute autre, le Parti mettra en avant des représentants de classe, ouvriers, employés, salariés de l'Etat ou du patronat, paysans travailleurs.*

*Le congrès confirme les décisions prises par le dernier Conseil National du Parti quant au choix des candidats aux élections. Pour en préciser les modalités d'application sans laisser place à des interprétations divergentes, le congrès décide :*

*1. La règle sera de présenter des listes composées d'ouvriers et de paysans travailleurs, à l'exclusion des militants consacrés en permanence au service du Parti;*

2. *Le Comité directeur présentera les députés sortants ayant donné les preuves de leur fidélité au Parti;*

3. *Dans les cas de force majeure où le Parti se trouverait dans l'impossibilité de constituer des listes selon cette règle, le Comité directeur aura pleins pouvoirs pour présenter des candidats assurant une digne représentation du Parti.*

*Au lendemain du congrès, les fédérations convoqueront une assemblée fédérale régulière pour désigner leurs candidats. Cela devra être fait à la date du 18 février, sauf cas d'impossibilité absolue. Ces désignations n'auront qu'une valeur de proposition; elles ne seront définitives qu'avec la sanction du Comité directeur. Nul ne peut se proposer comme candidat. Les propositions doivent être faites par les sections, les fédérations et le Comité directeur.*

*Le Comité directeur nommera une « Commission des élections » pour suivre de près toutes les questions de candidatures. Il y introduira pour moitié des militants responsables des syndicats.*

---

## Programme du Bloc ouvrier et paysan

*Le Parti Communiste constate que la tuerie mondiale et les traités de violence qui l'ont suivie ont précipité le désordre, aggravé les maux de la société capitaliste et créé partout une situation intolérable aux travailleurs, exigeant sans délai une transformation complète du régime.*

*Nous assistons aux convulsions suprêmes d'un ordre social frappé à mort.*

*La monopolisation croissante des capitaux, de la production et de l'échange par une oligarchie insatiable; une crise économique et financière sans précédent; l'exploitation éhontée du travail des prolétaires; la journée de huit heures en danger, les salaires réels avilis; une spéculation effrénée sur les denrées et les logements qui, s'ajoutant à la baisse du franc, inflige la misère aux petites gens, cependant que de louches trafiquants font des fortunes ver-*

tigineuses; le poids écrasant des impôts; l'impossibilité, de jour en jour plus évidente, de la « reconstitution européenne » dans le cadre du régime actuel; un nombreux renouveau du militarisme et des armements, de la diplomatie secrète et du jeu néfaste des alliances, annonçant de nouvelles catastrophes... Tout annonce l'écroulement du capitalisme et pose aux peuples l'impérieux dilemme :

— La révolution ou l'esclavage!

Depuis la fin de la guerre, la réaction française au pouvoir sous le nom de Bloc National n'a cessé de saboter la paix et d'exciter contre la France officielle la juste colère de tous les peuples du monde. Par la faute des Millerand, des Poincaré et d'une Chambre infâme de millionnaires et de mercantis, la France est entourée de l'hostilité générale. Elle n'a comme alliés que les gouvernants des petits Etats sans indépendance, achetés avec les millions des contribuables français, mais dont les peuples désavouent la vassalité.

Sous le prétexte mensonger d'exiger de l'Allemagne le paiement des réparations, en réalité pour satisfaire aux appétits d'une clique d'industriels et de financiers qui fait la loi dans ce pays, le Bloc National a entrepris l'occupation de la Ruhr qui porte à son comble le désastre européen. Non seulement il a plongé ainsi le peuple allemand dans une misère atroce, crime inexpiable, non seulement il a augmenté le déficit du budget français au lieu de le réduire, mais il a irrémédiablement compromis toute chance de restauration économique de l'Europe.

Les capitalistes français et allemands s'entendent aujourd'hui comme larrons en foire au détriment de la classe ouvrière de France et d'Allemagne qui devra payer les frais de l'opération criminelle. Et pour assurer sa toute-puissance établie sur la misère de multitudes exploitées et opprimées, le Bloc National, gendarme de l'Europe, entretient une armée gigantesque et parasitaire.

Seule, la République ouvrière et paysanne des Soviets de Russie, malgré son isolement et les ruines causées par la guerre et la contre-révolution, travaille à maintenir la paix et à créer des œuvres de vie, tandis que le Bloc National poursuit son œuvre de mort.

A la veille d'être chassé du pouvoir, le Bloc National lègue au pays un triste héritage : augmentation de 20 p. 100 de tous les impôts directs et indirects, livraison des monopoles d'Etat à la voracité du capital privé, abandon de la réforme des pensions, retrait du projet des assurances sociales. Par contre il ne parle nullement d'évacuer la Ruhr, de réduire les dépenses militaires et de cesser ses envois d'argent aux Etats vassaux de l'Europe centrale.

Le Parti Communiste dénonce aux masses populaires l'irrémédiable banqueroute de la bourgeoisie, son impuissance à sauver la civilisation, son incapacité d'enrayer la crise économique qui épuise lentement les peuples, de rétablir un minimum de paix, de sécurité et de bien-être pour les masses.

Inquiète de la haine croissante que suscite dans le pays le Bloc National, la bourgeoisie prend la précaution de constituer un nouveau bloc de défense capitaliste qui, sous le nom de Bloc des Gauches, continuera à duper les masses populaires. Le Bloc des Gauches n'est pas une nouveauté. Quinze années de domination radicale avant la guerre ont montré que les travailleurs auraient tort d'attendre que la bourgeoisie gouvernante, quelles que soient les étiquettes dont elle se pare, autre chose qu'oppression, exploitation et parfois même répression sanglante. Les fusillades du Havre n'ont fait qu'éveiller l'écho des fusillades de Draveil et de Narbonne. Sous le règne même du Bloc National, trois membres du Parti radical siègent aux côtés de Poincaré au Conseil des ministres. Les futurs chefs du Bloc des Gauches, Herriot et Franklin-Bouillon se sont associés à la politique impérialiste du Bloc National, dirigée contre la classe ouvrière : impôts écrasants, révocation de 25.000 cheminots, crédits pour l'opération criminelle de la Ruhr.

A bas la bourgeoisie! Place au prolétariat! Contre le gouvernement capitaliste incapable et sanguinaire, contre le despotisme d'une oligarchie de métallurgistes, de banquiers et de mercantis, qui oppriment et dévalisent la France, le Parti Communiste lève le drapeau du gouvernement ouvrier et paysan.

Seul, un gouvernement ouvrier et paysan, soutenu par les organisations de travailleurs, sauvera le pays de la tyrannie de l'argent, de la barbarie de la guerre, des crimes du fascisme et de la réaction.

Le gouvernement ouvrier et paysan, c'est le salut pour l'immense majorité du peuple, pour tous ceux qui travaillent sans exploiter le travail d'autrui.

Le gouvernement ouvrier et paysan ne sera pas une institution parlementaire, il sera appuyé sur les organes de classe du prolétariat, syndicats, conseils d'usines, etc. Son action favorable aux exploités lèvera contre lui l'opposition violente de la bourgeoisie menacée dans ses privilèges et qui ne reculera devant aucun moyen pour l'abattre.

Le gouvernement ouvrier et paysan mobilisera toutes les forces ouvrières pour se défendre par tous les moyens et pour instaurer la dictature du prolétariat des villes et des campagnes seule capable de vaincre définitivement la bourgeoisie.

Pour que le gouvernement ouvrier et paysan devienne une réalité, que faut-il?

Il faut battre la bourgeoisie!

Il faut constituer, aux élections comme en toutes circonstances favorables, le Bloc ouvrier et paysan, la coalition de toutes les forces des travailleurs, s'opposant aux Blocs bourgeois, au Bloc de gauche comme au Bloc National.

Ni Bloc National, ni Bloc de gauche, tous deux instruments du capital! Bloc ouvrier et paysan, instrument de libération du travail!

Le Bloc ouvrier et paysan, c'est l'union des travailleurs des villes et des campagnes, des ouvriers, paysans, employés, fonctionnaires, de tous ceux qui aspirent à un ordre social meilleur, de tous ceux qui souffrent de la dictature insolente des rois de l'argent.

Le Parti Communiste appelle les organisations prolétariennes à former avec lui le Bloc ouvrier et paysan et met et avant des candidatures ouvrières et paysannes comme seules susceptibles de grouper la majorité des travailleurs.

Comme programme du Bloc ouvrier et paysan et du futur gouvernement ouvrier et paysan, le Parti Communiste propose :

1° Extinction de la dette publique par la saisie des grandes fortunes. Suppression de l'impôt sur les salaires et des impôts indirects;

2° Socialisation des banques, des mines, des chemins de fer et transports maritimes, des usines et fabriques, des assurances, du commerce des pétroles, et, d'une façon générale, de toute industrie employant plus de cinquante ouvriers.

Etablissement, dans toutes les industries socialisées ou non, du contrôle ouvrier (s'exerçant par les Comités d'usines), de la journée de huit heures (six heures dans les industries insalubres) et du minimum de salaire. Droit de coalition et de grève aux fonctionnaires et aux travailleurs étrangers.

Assurances sociales, sans cotisation ouvrière, contre tous les risques afférents à la vie et au travail des ouvriers, paysans, employés, fonctionnaires. Salaire minimum aux mutilés et retraités du travail et de la guerre. La maternité fonction sociale.

3° Abolition de la Constitution bourgeoise; substitution à la pseudo-démocratie bourgeoise d'une démocratie purement ouvrière et paysanne associant les syndicats ouvriers à la gestion dés services publics. Egalité de tous les droits pour tous les citoyens sans distinction de sexe;

4° Réquisition des locaux d'habitation, taxation des loyers, construction par les municipalités d'immeubles à loyers bon marché;

5° Répression rigoureuse de la spéculation. Contrôle des prix par des commissions syndicales et coopératives; développement des coopératives avec l'appui financier du gouvernement ouvrier et paysan.

6° Suppression de l'armée permanente et de l'industrie privée des armements. Désarmement de la bourgeoisie et répression des menées fascistes. Armement du prolétariat. Formation d'une milice ouvrière et paysanne pour la défense des conquêtes du Bloc ouvrier et paysan. Abolition des conseils de guerre et des bagnes militaires. Octroi de tous les droits de citoyens aux mobilisés. Formation de conseils de soldats et de marins pour la défense de leurs droits et de leurs intérêts;

7° Droit des colonies à disposer librement d'elles-mêmes;

8° Instruction gratuite, laïque et obligatoire de tous les enfants de 6 à 16 ans. Enseignement supérieur à la portée de tous. Mise à la charge de l'Etat des frais d'entretien des jeunes gens qui, appartenant à la classe ouvrière, auront fait preuve d'aptitudes particulières. Réforme des programmes, en vue d'associer intimement, à tous les degrés d'enseignement, l'instruction professionnelle et technique à l'instruction générale.

9° Suppression de la magistrature. Généralisation du jury. Amnistie générale aux victimes du capitalisme;

10° Expropriation des grands propriétaires fonciers. Remise des fermes et métairies expropriées soit à des coopératives agricoles, soit aux familles paysannes qui les cultivaient précédemment. Crédit agricole d'Etat pour le perfectionnement de l'outillage et de la technique. Electrification des campagnes.

Admission des ouvriers agricoles, journaliers, domestiques de ferme au bénéfice des lois ouvrières et des assurances sociales, les petits propriétaires exploitant eux-mêmes conserveront la jouissance de leur propriété;

11° Paiement immédiat de leurs dommages de guerre restés en souffrance aux petits et moyens sinistrés. Révision des indemnités accordées aux sinistrés de la grande bourgeoisie. Répression du trafic des bons de cession;

12° Constitution d'une haute-cour populaire qui aura à juger : les responsabilités de la tuerie mondiale et de sa prolongation;

*les responsabilités encourues par les chefs militaires, grands et petits, dans la conduite de la guerre;*

*les profiteurs de la guerre;*

*13° Annulation du traité de Versailles, qui n'est qu'une déclaration de guerre permanente. Conclusion d'une paix véritable sans annexions ni contributions de guerre. Mise en commun des dettes de guerre et des réparations. Evacuation de toutes les régions occupées; rappel de toutes les missions militaires.*

*Alliance avec l'Union des Républiques soviétiques;*

*14° Subvention des États-Unis d'Europe à la pseudo-Société des Nations.*

---

## Adresse du Congrès national du Parti Communiste (S. F. I. C.) au Congrès national du Parti Socialiste (S. F. I. O.).

*Citoyens,*

*Le 17 décembre 1923, le Comité Directeur du Parti Communiste, s'adressant aux organes dirigeants de votre Parti, les invitait, en termes pressants, à former d'accord avec lui en vue des élections prochaines, le Bloc ouvrier et paysan, la coalition, contre toutes les forces unies ou séparées de la bourgeoisie, de toutes les forces unies des travailleurs des villes et des campagnes.*

*Il continuait cette lettre en disant :*

*« Ou avec le Parti Communiste pour constituer l'unité de combat de la classe ouvrière contre tous les bourgeois de droite ou de gauche,*

*« Ou avec le Parti radical contre le Parti Communiste qui se refuse absolument à pratiquer la collaboration de classe.*

*« C'est à vous qu'il appartient de décider, en rompant d'abord toute collaboration avec la bourgeoisie radicale, en renonçant aux cartels déjà conclus et en cessant toute collaboration à la presse et aux meetings du Bloc des Gauches, si l'unité de lutte de la classe ouvrière est possible.*

*« Le Parti Communiste est prêt à faire les sacrifices nécessaires à la constitution du Bloc ouvrier et paysan qui mettra en accusation l'ensemble du régime capitaliste. Il attend votre réponse*

au sujet des deux conditions préalables avant de vous convier à une conférence commune pour établir, d'une manière plus précise, les modalités de la constitution du Bloc ouvrier et paysan. »

Un mois a passé sans que la réponse de votre Parti soit venue. Par contre, les élections sénatoriales ont montré que, dans un certain nombre de départements, le Bloc des Gauches était pratiquement fait : le Bloc des Gauches, c'est-à-dire, l'union des radicaux et des socialistes pour tenter de sauver la bourgeoisie des conséquences de sa faillite.

Le silence gardé par votre Parti, les alliances électorales ouvertement pratiquées par certaines de vos fédérations autoriseraient grandement le Parti Communiste à considérer sa proposition comme repoussée et à s'adresser, dès maintenant, aux masses populaires pour tirer devant elles la leçon de votre refus.

Mais, le Parti Communiste attache tant de prix à la réalisation du Bloc ouvrier et paysan que, réuni aujourd'hui en congrès national, il décide de tenter auprès du Parti socialiste un nouvel effort en s'adressant, non plus aux organes dirigeants, mais au congrès souverain.

Il n'entend pas revenir sur les raisons impérieuses qui militent à la fois contre le Bloc des Gauches et pour le Bloc prolétarien. Tout socialiste qui n'est pas irrémédiablement passé au camp de la bourgeoisie reconnaît qu'elles découlent du principe même de la lutte des classes, base de « la tactique éprouvée et glorieuse » que la deuxième Internationale n'a pas encore osé renier.

Les événements qui se sont produits depuis un mois n'ont fait que souligner avec plus de force la nécessité du Bloc ouvrier et paysan. Le Bloc National a proclamé ouvertement sa faillite : les mesures qu'il s'apprête à prendre pour parer, s'il se peut, à la dégringolade monétaire résultant de sa politique néfaste frapperont avant tout les masses populaires. C'est sur la classe ouvrière et sur les paysans que va retomber, demain, l'augmentation de 20 p. 100 des impôts directs et surtout indirects; c'est la classe ouvrière qui se verra frustrée, faute d'argent, du bénéfice escompté des assurances sociales, tandis que les petits fonctionnaires dont on a refusé d'augmenter les traitements seront réduits, sur leurs vieux jours, à la portion congrue de leur retraite insuffisante. Par contre, un premier monopole d'État est jeté en pâture aux appétits sans limite du capital privé. Par contre, l'occupation de la Ruhr, qui affame l'ouvrier allemand, continue et continuera, et il n'est pas question de réduire ni d'un homme ni d'un sou le budget des dépenses militaires et navales.

Est-ce le moment, pour la classe ouvrière, de diviser ses forces, les unes allant au Bloc des Gauches, où les attendent les radicaux, les autres restant fidèles à la lutte des classes?

Non, c'est le moment, au contraire, de lier en un faisceau compact les forces ouvrières et paysannes pour résister ensemble au grand assaut que la bourgeoisie, dont la situation financière est désespérée, s'apprête à livrer au prolétariat des cités et des champs.

Le Bloc des Gauches est aujourd'hui le suprême espoir d'une bourgeoisie qui ne peut plus compter pour se tirer d'affaire que sur la désunion des travailleurs. Le Bloc Ouvrier au contraire en accroissant les difficultés de la bourgeoisie, précipitera sa décadence et sa fin.

Le Congrès de Marseille devra dire s'il est, dans des conjonctures aussi graves, partisan de l'union avec les radicaux ou de l'union avec les communistes, partisan du Bloc des Gauches ou du Bloc Ouvrier et Paysan, partisan de la collaboration de classes avec la bourgeoisie ou du gouvernement ouvrier et paysan.

Il doit se prononcer sans réticence, répondre sans détours à la question précise qui lui est posée. Les conditions mises il y a un mois par le Parti Communiste à la formation du Bloc Ouvrier subsistent : la première, c'est que le Bloc Ouvrier sera réalisé non pas régionalement ou localement, au gré des intérêts de clocher, mais nationalement. La deuxième, c'est que les membres du Parti socialiste rompront individuellement avec le Bloc des Gauches, cesseront de collaborer aux organes de la bourgeoisie radicale et de participer à ses meetings.

A ces deux conditions, le Parti Communiste croit devoir en ajouter une troisième : c'est que le Parti socialiste s'efforcera de travailler avec lui au rétablissement de l'unité ouvrière sur le terrain syndical. A l'heure où de grandes luttes économiques attendent les ouvriers de ce pays, où l'offensive capitaliste va se faire plus âpre, il n'est pas possible que l'organisation syndicale française demeure plus longtemps brisée en deux tronçons.

Ces trois conditions se complètent et forment un tout indissoluble. Elles ne peuvent faire l'objet d'aucune discussion, d'aucune négociation préalable. Tout socialiste conscient et sincère peut les accepter. Si elles ne l'étaient pas par le Parti socialiste, c'est que celui-ci préférerait les succès électoraux d'un jour à la lutte sans merci contre la bourgeoisie. Que le Congrès de

*Marseille, y réfléchisse ! Ce n'est pas seulement le Parti Commu-*
*niste qui attend sa réponse, c'est le prolétariat tout entier qui*
*en pèsera les termes et qui se montrera implacable aux hom-*
*mes qui, dans l'état actuel du monde, mettraient obstacle à la*
*coalition nécessaire de toutes les forces prolétariennes contre la*
*bourgeoisie capitaliste.*

Pour le Congrès National du Parti Communiste et par ordre :

LE COMITÉ DIRECTEUR DU PARTI.

---

## Question paysanne

*Après avoir entendu le camarade Vazeilles, membre*
*pour la France du Conseil paysan international (C. P. I.),*

*Considérant qu'à côté des neuf millions d'ouvriers ur-*
*bains et des trois millions d'ouvriers et domestiques*
*agricoles, il y a un million de métayers et petits fermiers*
*et près de trois millions de paysans travailleurs;*

*Considérant que l'Internationale paysanne créée en oc-*
*tobre dernier par des délégués paysans de tous les pays,*
*sans-parti ou appartenant à des partis prolétariens di-*
*vers, tend à grouper universellement les paysans tra-*
*vailleurs en vue de les dresser, à côté des ouvriers, à*
*la lutte contre l'ennemi commun : le Capitalisme exploi-*
*teur;*

*Considérant d'autre part, qu'il ne s'agit pas pour le*
*congrès de discuter le programme agraire du Parti Com-*
*muniste, mais de savoir de quelle façon ce dernier, qui*
*doit se préoccuper sans négligence de tout ce qui peut*
*servir les classes travailleuses, pourra et devra participer*
*au développement de l'I. P. et en particulier à la consti-*
*tution de la section française de cette Internationale;*

*La conférence paysanne du congrès propose au Parti*
*de créer das son sein, avec des camarades paysans com-*
*pétents en matière agraire, une Commission paysanne*
*centrale et des commissions fédérales et mêmes locales.*

Pour travailler utilement et permettre au Parti d'aider le mieux possible à l'organisation des paysans sur le terrain de la lutte de classe et en liaison avec les groupements ouvriers, ces commissions devront dans le plus court délai :

1. Dresser un inventaire des organisations paysannes (coopératives, syndicats, et associations diverses).

2. Rechercher et perfectionner dans le Parti, ainsi que parmi les sympathisants et même parmi les paysans sans parti, toutes les forces de propagande paysanne qui peuvent exister.

Ces commissions travailleront en particulier à l'éducation des militants pour la propagande dans les milieux ruraux. Dans ce but, la commission centrale paysanne étudiera et soumettra au Comité directeur un programme pratique de propagande parmi les paysans. Le Parti devra, dans la mesure de ses possibilités financières, charger spécialement de la propagande dans les campagnes un ou plusieurs délégués permanents autant que possible paysans, et, en tous les cas, spécialisés en matière agraire.

Le Parti pourra ensuite obtenir de ses propagandistes, familiarisés avec les questions rurales, que, dans leurs interventions, ils ne manquent pas d'exposer d'une façon judicieuse le côté agraire de la Révolution et la nécessité de l'alliance permanente des ouvriers et des paysans travailleurs, pour renverser le capitalisme.

L'Internationale paysanne devant réunir des organisations paysannes diverses et en particulier coopératives et syndicales et devant s'efforcer de lier la ville et la campagne, les ouvriers et les paysans, il sera nécessaire qu'au centre du Parti, les commissions syndicale, coopérative et paysanne travaillent d'accord, et, dans ce but, trouvent des points de liaison pratiques.

La Conférence paysanne appelle aussi l'attention du Parti et en particulier celle de la commission centrale paysanne sur la première conférence nationale des paysans et des organisations paysannes de toute nature qui va être organisée cette année en France par le Conseil *paysan international. C'est à cette conférence, à laquelle seront invités, par le C. P. I., les organisations paysannes de tout le pays que sera constituée la section française des paysans travailleurs, le Conseil paysan français.*

---

## Résolution sur l'action et l'organisation des Communistes dans la Coopération

*Le quatrième congrès de l'Internationale Communiste a fait l'obligation à tous les membres du Parti Communiste d'être adhérents à une coopérative de consommation.*

*En application des décisions du quatrième congrès de l'Internationale Communiste, le congrès national invite formellement tous les membres communistes à adhérer sans retard aux coopératives de consommation et à se montrer, au sein de ces sociétés, coopérateurs conscients et assidus, en y apportant dans toute la mesure du possible leur force de consommateur.*

*Suivant les indications du Comité directeur du Parti, il sera créé dans la section, dans la fédération, dans la région, en tenant compte de la délimitation des régions coopératives, une commission coopérative chargée de préparer le travail d'ensemble permettant à ses membres de faire des interventions sérieuses au sein des assemblées coopératives.*

*Avant chaque assemblée générale, les coopérateurs communistes se réuniront de façon à unifier leurs pensées et prendront toutes mesures utiles, d'accord avec la commission coopérative intéressée.*

### Commissions communistes

*Pour que cet effort de coordination puisse obtenir des résultats efficaces, il ne suffit pas qu'il s'exerce par in-*

termittences, il faut qu'il soit méthodiquement préparé par l'organisation suivante :

a) Chaque section devra obligatoirement désigner un camarade, pris dans le comité de section, pour s'occuper exclusivement du travail coopératif. Ce camarade responsable devant la fédération aura la charge d'organiser le travail coopératif dans sa section à la commission coopérative fédérale élargie. Il devra veiller à ce que tous les membres de la section soient coopérateurs et participent au travail du noyau communiste de la coopérative à laquelle ils sont adhérents;

b) La commission fédérale se réunira obligatoirement deux fois par mois. Responsable devant le Comité fédéral, elle a délégation de celui-ci pour organiser, coordonner et diriger le travail des coopérateurs communistes dans sa fédération.

Tous les mois, si possible, le secrétaire de la commission coopérative fédérale convoquera la commission coopérative élargie.

Celle-ci comprendra :

1º Les membres de la commission coopérative fédérale;

2º Les délégués de section prévus au paragraphe a);

3º Les communistes occupant une fonction dans une coopérative (conseil d'administration, contrôle, commission coopérative des cercles, délégués aux organismes fédéraux);

4º Les communistes membres du bureau des comités de coopérateurs révolutionnaires;

5º Les communistes, chefs de service dans une coopérative (répartition, comptabilité, du personnel, délégués du personnel, etc.);

6º Les secrétaires des noyaux communistes des coopératives.

c) Cette commission coopérative élargie a pour tâche d'apporter des suggestions à la commission fédérale; elle doit désigner une sous-commission technique qui *aura pour mission de rechercher les meilleures méthodes commerciales et qui fera l'office de service de renseignements pour toutes questions d'ordre technique,*

*La commission centrale coopérative se tient en liaison constante avec les commissions régionales et fédérales.*

*Cette commission sera composée de douze membres titulaires dont six membres de province et six suppléants, pris dans la région parisienne,*

*Elle se réunira au moins deux fois par mois avec ses membres de la région parisienne et aussi souvent qu'elle le jugera utile en séance plénière.*

*Au centre du parti, un secrétaire permanent sera désigné pour le travail coopératif.*

*Un rédacteur sera désigné en accord avec la direction de l'Humanité et la commission centrale coopérative pour traiter la question coopérative dans l'Humanité et dans la presse du Parti, d'après les indications de la commission centrale coopérative.*

### Noyaux communistes

Les noyaux communistes sont chargés d'étudier les problèmes administratifs et politiques qui intéressent leur société et l'ensemble du mouvement coopératif. Tout noyau communiste est placé sous le contrôle de la section communiste, qui compte le plus de membres dans le noyau. Pour le noyau des société de fusion, la commission fédérale désignera la section communiste chargée du contrôle et du travail du noyau. Chaque section désignera un membre du noyau qui sera convoqué à la réunion de la section chargée du contrôle, chaque fois que la question coopérative sera portée à l'ordre du jour.

### Les Cercles de Coopérateurs

Dès que cette organisation des communistes coopérateurs sera accomplie, ils devront :

1° Dans leurs syndicats respectifs faire une propagande active pour intéresser les ouvriers à l'action coopérative et les engager à adhérer aux comités de coopérateurs révolutionnaires;

2° Adhérer aux cercles de coopérateurs déjà constitués en se conformant à la décision adoptée sur cette question par le Comité directeur;

3° En créer dans les localités où il n'en existe pas,

4° Apporter dans ces cercles une méthode de travail sérieuse et postuler aux fonctions du bureau;

5° Faire adhérer ces cercles au comité central des coopérateurs communistes et révolutionnaires;

6° Faire souscrire par les cercles des abonnements au journal : Le Coopérateur communiste et révolutionnaire.

### La question de répartition et la ristourne

La première tâche des commissions coopératives du parti, centrale, fédérales et sectionnelles, c'est d'intensifier au sein du Parti la propagande coopérative et de veiller attentivement pour que cette décision du quatrième congrès soit strictement observée. Il ne suffit pas que les communistes soient de bons coopérateurs. Il faut que dans cette organisation les communistes poursuivent systématiquement l'éducation de classe des sociétaires et consommateurs en s'inspirant toujours des principes de l'Internationale Communiste.

Cette propagande ne sera efficace que dans la mesure où les communistes démontreront la supériorité de leurs méthodes et de leur capacité de gestion. Il est donc essentiel de définir la position des communistes sur le problème de la répartition du trop-perçu, autrement dit de la ristourne.

Les coopératives procédant chaque année à une répartition de trop-perçu, se créent des difficultés pour vendre les produits répartis à un taux inférieur à celui établi par le commerce privé.

La condition essentielle du développement commercial d'une coopérative, c'est de vendre des produits de bonne qualité meilleur marché que les commerçants. Il est ainsi possible d'obtenir un chiffre d'affaires élevé avec un faible pourcentage de frais généraux. Tout en vendant moins cher que le commerce, l'on peut ainsi obtenir des bénéfices.

Ces bénéfices ne sont vraiment profitables aux sociétaires que dans la mesure où ils permettent le développement important de la société. Ils évitent ainsi de faire appel à des capitaux individuels grevant la société par l'intérêt servi, en moyenne 6 p. 100.

Ainsi, tout en assurant un développement maximum de la coopérative, les communistes habituent les coopérateurs à la recherche d'avantages collectifs, en opposition à l'égoïsme individuel, toujours et partout préjudiciable à la classe ouvrière et paysanne.

En conséquence, le congrès adopte les décisions suivantes :

1º Les communistes ont pour devoir de faire dans toutes les coopératives une propagande persévérante pour faire comprendre à tous les coopérateurs que la répartition du trop-perçu est la cause fondamentale qui entrave le développement des coopératives;

2º Ils saisiront toutes les occasions d'opposer la conception de la constitution de capitaux collectifs à celle de l'appel au capital individuel rétribué par un intérêt annuel;

3º Lorsque les communistes auront pris la direction d'une coopérative de consommation, répartissant habituellement du trop-perçu, ils devront s'efforcer d'obtenir un abaissement du prix de vente pour relever le chiffre d'affaires;

4º Ils ne procéderont à la suppression totale de la répartition du trop-perçu qu'après une décision régulièrement prise en assemblée générale, décision établissant que cette suppression est comprise par les consommateurs parce qu'elle correspondra à un avantage immédiat pour les sociétaires et consommateurs.

### Travail au sein des coopératives

En ce qui concerne le travail à exécuter, il sera fatalement différent suivant que l'on se trouvera en présence d'une coopérative locale ou de développement, et suivant qu'elle est orientée vers la collaboration ou la lutte de classe.

Le premier travail à accomplir devra porter sur l'organisation intérieure de ces sociétés.

Il faudra que les coopérateurs communistes apparaissent au sein des coopératives ou des cercles comme des administrateurs capables de vues claires, sachant où ils veulent aller et apportant des plans de travaux et des propositions qui leur conquerront la confiance des coopérateurs, première condition du succès dans les interventions futures. Il y a donc lieu avant tout de procéder à l'examen minutieux de la situation commerciale et financière des coopératives.

Le second travail consistera en l'étude des méthodes administratives en usage dans ces sociétés. Il y aura lieu également d'observer de près les conditions de travail et les revendications du personnel employé. A cet effet, il sera utile d'activer la constitution de conseils d'ouvriers et d'employés, pour utiliser au maximum les aptitudes et les initiatives du personnel au profit de la coopérative.

Puis, en possession de ces données, sérieusement documentés, les coopérateurs communistes, guidés localement et fédéralement par les commissions coopératives, interviendront pour développer les propositions.

Il sera possible ainsi, après étude des bilans, de faire des interventions utiles dans les assemblées générales et qui pourront avoir trait à :

1° L'organisation de la propagande coopérative.

2° La création de caisses de solidarité en cas de grève, chômage, etc.

3° L'extension aux grévistes de fourniture de pain gratuit pendant la durée de la grève et pendant une quinzaine à la suite de cette grève.

4° La fourniture de denrées alimentaires pendant la

grève jusqu'à concurrence du montant de l'action souscrite par le coopérateur.

5° Subventionner les groupes de pupilles, sous le contrôle des organisations ouvrières révolutionnaires.

6° La création de centres de vacances pour enfants et adultes. Ces centres de vacances étant créés de préférence dans les milieux ruraux où la fréquentation des coopérateurs communistes pourra produire d'excellents résultats pour la propagande communiste.

On s'efforcera également de préparer, en accord avec les organisations ouvrières révolutionnaires, la lutte contre le fascisme.

Les Commissions coopératives feront un rapport trimestriel sur leur activité à la Commission centrale. Celle-ci est chargée de la rédaction des thèses à présenter à la deuxième Conférence Internationale des Coopérateurs communistes.

———

## Résolution sur la politique féminine du Parti

La femme, par la situation qui lui est faite dans la famille, subit le contrecoup de toutes les crises économiques.

La crise présente qui influe si profondément sur le coût de la vie l'atteint donc de la façon la plus aiguë.

Les loyers qui augmenteront davantage quand les parlementaires ne seront plus sous la menace immédiate de l'électeur, obligent les femmes à opérer des restrictions dans la consommation de la famille, restrictions qui se traduisent le plus souvent pour elles par un supplément de travail, soit dans la préparation des aliments, soit dans l'entretien du linge et des vêtements. De plus, obligées de subir des conditions de loyer de plus en plus onéreuses, elles ne peuvent chercher un logis plus sain, plus commode, ni aménager le leur plus confortablement.

La première et la plus certaine victime du taudis, c'est la femme. Confinée dans un étroit espace, la vie de la femme devient un véritable enfer si la famille s'accroît.

### La vie chère et le travail salarié

L'incessante montée du coût de la vie complique de jour en jour la vie ménagère et le plus souvent la femme cherche des ressources dans le travail salarié.

Habituée par l'éducation à sentir peser sur elle la responsabilité de la vie matérielle de la famille, elle a trop souvent le préjugé du travail à domicile qui constitue pourtant une exploitation effrénée de la main-d'œuvre féminine, qui rapporte des bénéfices scandaleux au patronat et qui permet au capitalisme de lutter victorieusement contre les revendications des ouvriers et des ouvrières d'atelier.

Si la femme n'est pas étroitement liée à la famille, elle travaille hors de chez elle, mais supporte alors par des salaires amoindris les conséquences de l'infériorité dans laquelle la maintient la société bourgeoise par l'éducation, la situation familiale et politique.

### La maternité

Dans les conditions présentes, avec les difficultés de se loger, avec l'insuffisance des ressources, la maternité pèse sur la femme comme un fardeau écrasant.

Fardeau matériel par les multiples, incessantes et harcelantes besognes qu'elle détermine, fardeau moral par les soucis et les privations accrues qu'elle apporte.

Devant les misères que cause nécessairement la famille nombreuse, et pour la femme seule le fardeau maternel, bien des femmes qui accepteraient, dans des conditions meilleures, la maternité cherchent à y échapper par l'avortement.

La société bourgeoise en porte l'entière responsabilité, elle qui ne sait que le réprimer comme un crime, punissant toujours la femme sans jamais atteindre l'homme.

### La prostitution

L'infériorité féminine dans la vie économique a pour conséquence l'esclavage de la femme au point de vue sexuel.

Une institution de l'Etat bourgeois rend légal cet abominable esclavage. L'ensemble des nations capitalistes avait voulu abolir cette honteuse organisation. L'opposition du gouvernement français l'a fait subsister.

### L'attitude du Parti Communiste

Le devoir du Parti Communiste est de se saisir de tous les faits qui consacrent la misère de la masse féminine et d'appeler celle-ci dans les rangs de l'armée révolutionnaire. Il doit rompre avec les préjugés, lutter contre l'égoïsme masculin développé par la société bourgeoise, vaincre la résignation et la passivité des femmes.

La masse inconsciente des femmes doit se convaincre par des démonstrations répétées du Parti, qu'elle a dans ses soucis, dans ses misères un seul appui sérieux, le Parti Communiste.

Mais pour parvenir à faire pénétrer cette conviction au cœur même de la masse, il est nécessaire que le Parti dépasse la bienveillance presque uniquement platonique qu'il a jusqu'ici montrée en présence des revendications féminines.

### La période électorale

Une occasion se présente cette année d'organiser une campagne de grande envergure.

Le Parlement bourgeois vient — en fait, sinon en apparence — de refuser le droit de suffrage aux femmes, en le noyant dans le vote familial. Le Parti doit, au cours de la prochaine campagne électorale, s'adresser aux femmes comme si elles avaient effectivement le droit de vote.

Aucune affiche, aucun tract, ne doivent porter l'estampille du Parti qui ne contiennent un ou plusieurs paragraphes s'adressant aux femmes.

Dans toutes les réunions, un des orateurs devra expliquer aux électeurs pourquoi il est nécessaire que les femmes votent et aux femmes pourquoi elles doivent prendre part à la vie politique.

### Les manifestations municipales et parlementaires

Le Parti doit partout où il pénètre dans la vie municipale s'imposer à tâche de conquérir la masse des femmes du prolétariat. La question locative est un excellent terrain de propagande, comme aussi l'aide apportée à l'élevage des enfants. En particulier, le ravitaillement gratuit ou semi-gratuit en lait pour les jeunes enfants doit être sérieusement étudié.

Se basant sur l'impossibilité de loger une famille de plusieurs enfants dans un local insuffisant et sur la pénurie des ressources, le groupe parlementaire devra demander l'abrogation de la loi sur la répression correctionnelle de l'avortement et le droit à l'avortement dans les hôpitaux pour les femmes du prolétariat. Le groupe parlementaire devra protester contre l'opposition apportée par le représentant de la France à la Société des Nations, à l'abolition de l'odieuse et illusoire réglementation de la prostitution. Il devra demander la suppression de cette survivance de l'esclavage le plus abject.

### Pour l'égalité économique

Par une campagne dans tous les milieux prolétariens, le Parti luttera pour la disparition du travail à domicile, pour la réalisation de l'égalité de salaire, pour l'égalité de travail. Il réclamera pour la travailleuse qui va être mère, un salaire vital et non une aumône.

C'est par son action de tous les instants, vigoureusement développée sans crainte du ridicule, avec le souci de modifier l'opinion publique en ce qu'elle a d'erroné et d'oppressif, que le Parti conquerra à la cause de la Révolution la masse encore amorphe des femmes du prolétariat.

# Le travail communiste chez les travailleurs de langue étrangère

*L'émigration considérable de prolétaires d'autres pays en France est un phénomène d'une grande importance historique. Il est la conséquence de l'intensification de la lutte de classe et de l'aggravation des crises politiques et économiques dans le pays de la victoire. Il faut l'étudier sérieusement et le régler.*

*Le Parti Communiste doit absolument empêcher que le capitalisme ne crée dans les masses de travailleurs français et émigrés, de dangereux conflits d'intérêts, une concurrence périlleuse et artificielle qui provoqueraient des luttes fratricides.*

*Pour cela, il faut organiser politiquement et syndicalement les masses de travailleurs de langue étrangère.*

*Politiquement, les prolétaires émigrés en France doivent être organisés en groupes de langue étrangère, inscrits au Parti français; syndicalement, en noyaux d'usine inscrits aux syndicats de la C. G. T. U.*

*Les groupes politiques aussi bien que les noyaux d'usine doivent être strictement dirigés et contrôlés par le Parti, au moyen des organismes centraux respectifs qui eux-mêmes sont animés, impulsés par une commission unique de la main-d'œuvre étrangère. Celle-ci devra préparer tout le travail politique et syndical parmi la masse émigrée, en se basant sur les méthodes d'organisation déjà appliquée chez les travailleurs italiens.*

*Le Congrès donne donc mandat au nouveau Comité directeur d'agir en conséquence, considérant qu'en France le front unique prolétarien doit nécessairement présenter, par suite de la composition diverse des masses travailleuses, un caractère évident d'internationalisme. Il lui demande d'étudier les questions d'organisation et d'exploitation des travailleurs étrangers.*

*Le droit de grève, d'organisation, d'assurance sociale, de représentation syndicale, etc..., doit être reconnu à tous les travailleurs quelles que soient leur couleur, leur race, leur langue. A ce sujet le congrès demande au Comité* directeur d'entamer une campagne énergique et sur tous les terrains. Seul le front unique politique et syndical de tous les travailleurs que le capitalisme exploite peut assurer la victoire dans les luttes violentes que la bourgeoisie elle-même déchaînera pour se sauver de la faillite.

D'autre part, le congrès décide d'exposer, dans un tract édité en plusieurs langues, l'exploitation tragique du prolétariat étranger et la nécessité pour lui de rejoindre les organisations de classe : Parti Communiste et syndicats. Les prochaines batailles pour défendre les salaires toujours atteints par la crise de vie chère, pour défendre les huit heures, etc., etc., ne doivent pas offrir le douloureux spectacle, en France d'un prolétariat divisé en métiers et en nationalités : l'exploitation est unique, la lutte doit être unique. Le Parti Communiste français doit préparer le prolétariat à cette lutte en appelant tous les travailleurs sous le drapeau de l'Internationale Communiste et de l'Internationale Syndicale Rouge.

Le Congrès du Parti Communiste proteste contre la répression mondiale qui frappe tous les prolétaires, et adresse l'expression de sa complète solidarité aux victimes du capitalisme. Le Parti Communiste, avant-garde de la classe ouvrière, saura défendre, par tous les moyens, les travailleurs étrangers appartenant aux organisations ouvrières de lutte de classe.

Vive la Révolution russe, vive la Révolution mondiale! Vive l'Internationale Communiste!

---

## Contre les attentats anarchistes

Le Congrès du Parti Communiste français, douloureusement ému par les tragiques incidents du récent meeting de la Grange-aux-Belles, dont l'attentat contre le camarade Treint n'est qu'une répétition heureusement manquée, s'élève avec indignation contre les actes de violence sanglante qui, ne pouvant servir que la bourgeoisie, ne peuvent que desservir la cause du prolétariat.

Il constate que c'est à l'heure où le Parti Communiste invite tous les partis comme toutes les sectes se réclamant de la Révolution, à réaliser contre la bourgeoisie le front unique des travailleurs, ouvriers et paysans, que des ennemis anonymes utilisent contre son action et contre ses hommes les armes du fascisme.

Il fait la classe ouvrière et paysanne juge du caractère contre-révolutionnaire de semblables procédés, et demande à ses militants de ne répondre aux violences aveugles des anarchistes et anarcho-syndicalistes qu'après avoir épuisé tous les moyens de conciliation.

Au-dessus des luttes de tendance et des querelles de fraction, le Parti Communiste met l'union, dans l'action contre la bourgeoisie, de toutes les tendances et de toutes les fractions se réclamant de la Révolution prolétarienne.

Mais il affirme avec force que si les sabotages dont ses réunions sont l'objet, si les attentats criminels dont ses militants risquent à tout instant d'être les victimes devaient se renouveler, il est absolument résolu à prendre contre leurs auteurs immédiats, et plus encore contre leurs inspirateurs tapis dans l'ombre, les mesures de défense et de représailles qui s'imposent.

Le Parti Communiste se dressera tout entier contre le fascisme, quels que soient les prétextes dont il colore ses crimes, quel que soit le masque sous lequel il dissimule sa véritable figure.

Conscient de son rôle et de sa mission, ayant en ce qui le concerne épuré ses rangs des traîtres et des agents de la bourgeoisie, il ne tolérera pas que ces derniers l'empêchent du dehors de poursuivre jusqu'au bout son œuvre d'organisation et d'éducation prolétarienne et d'atteindre son but final : le renversement du capitalisme et la dictature du prolétariat.

# Question Coloniale

## (Rapport du Comité d'études coloniales)

### Avant-propos

Jusqu'à présent, à l'époque des divers Congrès Nationaux, on s'était contenté de simplement définir le côté théorique de la question coloniale, sans chercher à tracer aux fédérations le travail positif devant assurer la pénétration du communisme aux colonies, et, partant, enlever au capitalisme la réserve de forces économiques que constitue pour lui son empire colonial.

Nous avons pensé qu'au 4ᵉ Congrès du Parti, il n'était plus nécessaire de recommencer les longues et habituelles considérations théoriques, mais qu'il fallait seulement définir le travail à faire dans les divers domaines de notre activité coloniale.

### PROGRAMME

### Le rôle des colonies en régime capitaliste

Dans la période actuelle, les colonies sont une des bases principales du capitalisme qui en même temps qu'il trouve en elles des débouchés pour ses produits et des ressources industrielles pour son économie, se sert aussi de prolétaires indigènes comme réserves contre-révolutionnaires tant au point de vue social que militaire.

Les colonies constituant un des piliers essentiels du régime capitaliste, le Parti Communiste a le devoir de s'y attaquer et de l'abattre par tous les moyens (voir la 7ᵉ des 21 conditions d'admission).

Il est d'ailleurs incontestable que, dans la période pré-révolutionnaire comme dans la période révolutionnaire, le rôle des colonies est de premier plan. Délaissées ou aidées par nous, elles peuvent, sous des formes et à des périodes différentes, devenir un facteur de contre-révolution ou jouer un rôle révolutionnaire important.

Il est donc indispensable d'entreprendre au sein de la

*masse doublement exploitée des indigènes des colonies, une active propagande révolutionnaire dans le but, non pas de la neutraliser en vue des actions révolutionnaires futures, mais surtout de la préparer à entrer comme la masse des exploités métropolitains dans les combats révolutionnaires.*

*C'est en s'inspirant des décisions de l'Internationale Communiste que le Parti doit faire la propagande et l'agitation capables de gagner à notre cause le prolétariat frère des colonies.*

### La situation des colonies

*Toute la politique du capitalisme mondial s'abrite, pour expliquer son intervention aux colonies, derrière le masque hypocrite de l'inégalité des races et le caractère commun d'infériorité technique des jaunes asiatiques, arabo-berbères, noirs africains.*

*Cet ensemble de populations réduit par les armes (plus de quarante millions d'habitants), est réparti principalement dans l'Indochine française (Cochinchine, Tonkin, Cambodge, Laos), dans l'Afrique du Nord, l'Algérie, l'Afrique occidentale française, l'Afrique équatoriale française, Madagascar et dans les territoires à mandats attribués à la gestion du capitalisme français par le traité de Versailles, Cameroun et Togo.*

*Il faut ajouter, avec une moindre importance, la côte française des Somalis et les établissements français d'Océanie. Il convient de faire une place à part à ce qu'on appelle les vieilles colonies : Antilles, Guadeloupe, Martinique, Guyane française, Réunion, Sénégal et Indes françaises.*

*Dans ce dernier groupe l'ensemble de la population, hétérogène dans ses éléments, sans être politiquement assimilée aux habitants de la métropole, jouit des droits politiques. Les formes sociales et l'évolution économique y sont telles que la propagande et l'action communistes peuvent se développer sous des modalités sensiblement identiques à celles de la métropole.*

*A l'exception de cette dernière catégorie, la colonisation se manifeste par ce qu'on est convenu d'appeler le régime de l'assujettissement qui se caractérise par :*

*1° Le code de l'indigénat, basé sur ce que les gouverneurs et administrateurs doivent avoir pour devise et ligne de conduite, l'autorité et la force. Détenteurs de tous les pouvoirs de haute police : droit d'internement, mise en surveillance, résidence forcée, séquestration des biens, ils sont les juges frappant sans délai ni procédure. L'institution de l'amende collective, de l'arbitraire, de la contrainte et de la terreur;*

*2° L'expropriation de l'indigène et l'attribution par voie de concession aux conquérants des terres et forêts appartenant collectivement aux membres de la famille ou de la tribut, collectivement aux villages;*

*3° La mise au service du capitalisme colonisateur de la puissance de l'Etat pour le recrutement et l'exploitation de la main-d'œuvre et la contrainte au travail sanctionné par des dispositions pénales ;*

*4° L'inégalité des charges fiscales légères aux entreprises capitalistes, accablantes et vexatoires pour la masse indigène, comme la taxe de capitation, de portage, la corvée, la gabelle; meurtrières comme celles résultant du monopole de l'alcool;*

*5° Une étroite parcimonie dans la dispense de l'instruction qui tient la masse indigène dans l'ignorance des problèmes historiques, économiques et sociaux, du mouvement qui agite les autres prolétariats du monde.*

*L'enseignement aux indigènes par la bourgeoisie est essentiellement utilitaire. En conséquence, et dans le même ordre d'idées, pas de liberté de presse, pas de droit d'association ni de réunion;*

*6° L'absence de droit politique ou de représentation dans les diverses assemblées consultatives ou délibérantes, mise à l'écart de l'indigène du contrôle et de la gestion de ses propres affaires, tel est rapidement esquissé le tableau de la politique française dans les territoires brutalement soumis au capitalisme de ce pays. Politique qui a abondamment amassé chez l'indigène la colère et la révolte facilement utilisables pour la propagande communiste.*

## Le recrutement dans la Métropole

*La situation misérable faite au prolétariat dans les colonies, la venue en France des troupes coloniales, l'attrait de la soi-disant civilisation européenne, ont engendré un courant d'émigration qui risque de constituer une concurrence nuisible au prolétariat de la métropole et d'empêcher les bons rapports entre indigènes et européens. Cette concurrence indigène est une conséquence logique de la production capitaliste qui veut se servir d'une armée industrielle de réserve pour contre-balancer l'effort révolutionnaire du prolétariat métropolitain. Le développement du machinisme qui permet la suppression de la main-d'œuvre qualifiée et son remplacement par une main-d'œuvre spécialisée rend cette concurrence plus dangereuse encore.*

*Pour éviter une division néfaste entre le prolétariat métropolitain et les coloniaux en résidence en France, pour éviter une tension des rapports qui doivent les lier afin d'empêcher le capitalisme de se servir des coloniaux pour abaisser le taux des salaires des ouvriers français, les éléments communistes doivent travailler à l'organisation des indigènes en résidence dans la métropole.*

*Une série de mesures immédiates sont donc à envisager pour que la main-d'œuvre coloniale ne devienne pas un danger pour le prolétariat français et qu'au contraire elle se transforme en facteur révolutionnaire.*

*Ces mesures sont :*

*1º Une propagande active parmi l'élément ouvrier européen pour lui faire comprendre l'urgence d'une entente avec le prolétariat colonial;*

*2º Nécessité d'une active propagande parmi les ouvriers coloniaux en résidence dans la métropole en vue d'un recrutement politique et syndical;*

*3º Organisation de meetings en accord avec les organisations syndicales, où autant que possible seront invités* les ouvriers indigènes et où leur parleront des orateurs de langue indigène;

4° Publication de tracts et de matériel de propagande en langue arabe, annamite et malgache s'adressant aux coloniaux travaillant en France.

## Aux Colonies

Jusqu'à ce jour, la propagande aux colonies s'est trop souvent bornée aux éléments européens immigrés, éléments en majeure partie petits bourgeois et jusqu'ici inaccessibles à nos idées. Ce qu'il faut maintenant toucher c'est l'indigène en général et les ouvriers des villes en particulier.

Subissant l'exploitation plusieurs fois séculaire d'envahisseurs nombreux, les peuples autochtones des colonies en étaient arrivés à perdre complètement l'esprit d'indépendance et de liberté et la conscience de classe qui font la force révolutionnaire d'un pays, pour acquérir en outre le traditionalisme et le fanatisme poussés à l'exagération.

C'est cet esprit d'indépendance et de liberté et cette conscience de classe qu'il faut faire renaître au cœur du prolétariat indigène, c'est aussi cette conception fataliste du rôle historique des peuples qu'il faut lui faire perdre. Pour cela, il faut non pas des paroles, mais des actes pour montrer au prolétariat indigène que nous sommes avec lui contre ses exploiteurs, qu'ils soient français, indigènes ou étrangers, chrétiens, israélites ou musulmans.

Nous sommes aidés en cela par la situation politique des indigènes, car bien que le contact des masses ouvrières de France ait influencé les ouvriers et soldats coloniaux venus pendant la guerre, bien qu'ils aient déjà compris que leur condition d'esclavage ne devait pas durer toujours, la grande majorité a encore l'esprit vierge de toutes préoccupations politiques, n'étant pas comme le prolétariat métropolitain saturé de démocratisme bourgeois.

Il est donc facile, malgré les difficultés causées par le pourcentage d'illettrés, les maigres libertés de la presse, les moyens très restreints de propagande verbale, par une agitation de grande envergure et de tous les instants en se servant de tous les moyens mis à notre disposition (presse, parlement, réunions, manifestations, etc.), de prouver que le Parti communiste n'est ni au service du capitalisme français ni au service de la bourgeoisie indigène, mais qu'au contraire il est une organisation de combat contre tout ce qui est, aide ou soutient l'exploitation des ouvriers.

### Front unique anti-impérialiste

Le 4ᵉ Congrès de l'Internationale Communiste estimant que devait être plus franche et plus accentuée la lutte anticoloniale a lancé le mot d'ordre « pour l'unité nationale et l'autonomie politique des colonies ».

« Se rendant fort bien compte que dans diverses conditions historiques les éléments les plus variés peuvent être les porte-parole de l'autonomie politique, l'Internationale Communiste soutient tout mouvement révolutionnaire dirigé contre l'impérialisme ».

Ce passage des résolutions du 4ᵉ Congrès et, d'autre part, la partie coloniale de la résolution sur la question française, ont fait justice des conceptions social-démocrates synthétisées par la thèse dite de Sidi-Bel-Abès et sont suffisantes pour que nous n'insistions pas sur la nécessité de s'unir temporairement et en vue de l'action seulement à certains éléments nationalistes.

Pour comprendre l'importance et la nécessité d'une pareille alliance, il faut se rendre compte de l'influence que les nationalistes ont acquise sur les masses indigènes poussées vers eux d'enthousiasme.

Toutefois, au fur et à mesure que devient plus aiguë l'exploitation et la répression métropolitaine, l'agitation nationaliste se transforme et prend des aspects différents, en même temps qu'elle adopte des méthodes d'action différentes, d'où schisme, scission et constitution de deux courants distincts, l'un réformiste et de collaboration loyale avec les pouvoirs et l'autre irréductiblement opposé à toute collaboration et révolutionnaire.

Celui-là groupe la haute finance et la grosse propriété terrienne : c'est le nationalisme des capitalistes capables de transaction et compromission avec le capitalisme métropolitain. Celui-ci groupe les petits bourgeois et les prolétaires : c'est le nationalisme démocratique dont seule peut bénéficier la bourgeoisie naissante.

Les deux courants sont donc incompatibles avec la doctrine communiste; mais si le Parti a le devoir de combattre énergiquement le premier, qui entend sauvegarder et fortifier ses intérêts en acceptant d'être le vassal du colonisateur, il a le devoir de soutenir le second, qui affecte une attitude révolutionnaire dont il s'agit de démasquer le caractère anti-prolétarien.

D'autre part, comme le prolétariat indigène n'entrera dans la vie véritablement révolutionnaire qu'après s'être débarrassé de ses exploiteurs européens, le Parti Communiste ne doit pas hésiter à s'unir avec tout groupement nationaliste qui lutterait pour l'émancipation de la tutelle européenne, quitte ensuite à se dresser contre lui si, au cours des événements, ce groupement laisse apparaître son caractère bourgeois et anti-ouvrier.

### Revendications immédiates

A côté de la lutte politique commune à la Métropole et aux colonies, l'agitation révolutionnaire du Parti communiste doit porter aussi sur les réalisations politiques immédiates, revendiquées par les indigènes et sciemment défendues par les nationalistes.

L'histoire du mouvement politique aux colonies, depuis la guerre surtout, tourne tout entière autour de ces revendications qui ont dressé, dans un unanime élan, les indigènes contre la succursale coloniale de l'impérialisme français.

L'aboutissement de ces revendications ne constituera qu'un semblant de réforme, la plupart n'ayant rien à voir avec le communisme. Mais, étant donné que le gouvernement refuse de donner satisfaction à ces revendications, le Parti ne doit pas hésiter à prendre position pour les indigènes contre l'impérialisme français, sans toutefois cesser de démontrer l'inutilité de pareilles réformes en régime capitaliste.

Là réside la première plate-forme de luttes directes contre l'impérialisme et là est la meilleure preuve de notre sympathie pour les indigènes.

De ces revendications, voici les principales :

a) Suppression de l'indigénat avec toutes ses conséquences;

b) Suffrage universel pour tous les indigènes au même degré que pour les citoyens français;

c) Egalité devant l'impôt (suppression de tous les impôts spéciaux, corporels, corvées, portages, etc.);

d) Instruction obligatoire et gratuite pour tous les indigènes et leur accession à l'enseignement à tous les degrés;

e) Egalité de traitement des fonctionnaires indigènes et français, ainsi que des ouvriers;

f) Suppression des communes mixtes et leur remplacement par des communes de plein exercice dans les pays assujettis;

g) Suppression du contrôle militaire et civil dans les pays de protectorat, suppression des tribunaux répressifs, des décrets (des gouverneurs généraux) appliqués aux indigènes, suppression de la responsabilité collective, etc.

Ces revendications devront être défendues au Parlement.

C'est pour la fraternisation des ouvriers arabes, chinois, malgaches et noirs d'une part, et juifs, d'autre part, que doit lutter le Parti Communiste.

## Antimilitarisme

Jusqu'à présent le Parti Communiste a eu tort de considérer l'armée comme ne comprenant que les ouvriers ou paysans métropolitains; cette armée-là est dans une bonne proportion acquise à nos idées. Il en est une autre sur laquelle la bourgeoisie française compte pour mater son prolétariat : c'est l'armée coloniale, laquelle doit n'inspirer de crainte légitime que quant à son action possible efficacement contre-révolutionnaire.

Là, autant sinon plus que dans la métropole, doit passer l'action antimilitariste.

Une chose est à noter quand même particulièrement dans ce paragraphe : c'est la haine superficielle des races régnant à l'armée et adroitement exploitée par le militarisme français. Contre cette haine de race et pour la fraternisation des soldats indigènes et français, le Parti Communiste doit lutter en attendant que son mot d'ordre soit réalisé : « Pas de troupes blanches aux colonies ».

### Recrutement féminin

L'éducation féministe des indigènes reste complètement à faire. La tradition a voulu que chez eux la femme soit considérée comme une quantité méprisable comparativement à l'homme.

Le devoir du Parti est donc de propager partout l'égalité en droit et en devoir des deux sexes et de définir nettement le rôle de la femme dans la société communiste pour mettre un terme aux calomnies grossières sur la prétendue socialisation des femmes, calomnie trouvant un écho dans les milieux indigènes.

### Questions religieuses

Etant donné le caractère tout à fait apolitique de la religion musulmane, étant donnée la susceptibilité des prolétaires indigènes, le Parti aura pour devoir de tenir cette question à l'écart de toutes les discussions intérieures de groupes, sans toutefois perdre l'occasion de faire délicatement et avec mesure le procès des religions dans les colonies où est pratiqué une religion chrétienne (catholique protestante, orthodoxe, etc.). Le Parti devra lutter vigoureusement pour arracher les masses indigènes à l'emprise des agents religieux de la bourgeoisie.

### Ce qu'il faut faire

Etant donné que les colonies ne sont pas encore comprises dans la division administrative du Parti, la C.E. Coloniale propose au Congrès :

Le rétablissement du poste de délégué permanent;

Le rétablissement d'une tribune coloniale dans l'Humanité;

La parution mensuelle d'un article dans le Bulletin de la presse communiste avec la reproduction par tous les organes fédéraux;

Une représentation du Comité directeur au C.E.C.

### Organisations syndicales

Aux colonies, les syndicats professionnels indigènes ne sont en général pas reconnus comme organismes légaux. C'est pourquoi ce mouvement n'a pas l'extension qu'on est en droit d'attendre d'une exploitation pareille des indigènes. Pourtant, l'esprit de classe commence à se développer et la lutte de classes atteint un caractère aigu. Subissant des conditions honteuses d'exploitation, le prolétariat colonial sent merveilleusement l'abîme infranchissable qui le sépare de la bourgeoisie. Le meilleur parti que nous puissions tirer de ces sentiments, c'est l'organisation de ce prolétariat dans les syndicats.

La commission syndicale centrale doit, dans son travail, réserver une place toute spéciale à cette question et, en premier lieu, exiger des communistes aux colonies (européens et indigènes), l'entrée immédiate au syndicat et une activité très grande dans ces organisations.

### Lutte contre l'antisémitisme

L'antisémitisme apparaît aux colonies sous sa forme la plus aiguë.

La haine entre l'indigène et l'israélite, plusieurs fois séculaire, est seulement causée par des préjugés de race,

soigneusement et hypocritement entretenus aujourd'hui
par les colonisateurs européens et la bourgeoisie coloniale,
qui trouvent en elle une garantie de sécurité pour leur domination. C'est cette haine séculaire que le P. C. doit
combattre et c'est par la fraternisation des ouvriers arabes,
chinois, malgaches, africains et juifs que doit lutter le
P. C.

### Conclusion

En terminant ce rapport nous pensons qu'à l'avenir le
Parti attachera au travail de pénétration coloniale une
importance plus grande encore que celle consentie jusqu'à
ce jour.

Du centre directeur aux membres les plus modestes de
notre organisation, chacun doit se rendre compte de l'importance primordiale du rôle dévolu aux colonies et aider
le Comité d'Etudes Coloniales dans la tâche qu'il s'est
tracée et dans la lourde besogne qui lui incombe.

---

## Résolution sportive

Le Congrès National rappelle la décision du Conseil National tendant à l'établissement de Commissions sportives dans
les Fédérations.

Le Congrès National décide :

Il est interdit aux membres du Parti et à leurs enfants de
pratiquer les sports dans une Fédération autre que la F. S. T.,
dans les endroits où cette organisation possède un club.

Le Congrès National décide également de désigner trois
membres du C. D. chargés des relations avec le Conseil Fédéral
de la F. S. T.

---

# Résolution sur les Pupilles

1° *L'enfant doit être, du point de vue communiste, considéré comme une des parties du prolétariat subissant les dures conditions de la lutte de classes. Aussi bien avant la naissance, à l'école, à l'apprentissage, l'antagonisme est complet entre la situation de l'enfant bourgeois et celle de l'enfant prolétaire;*

2° *Les communistes ne retireront pas l'enfant prolétaire de sa classe; mais, bien au contraire, ils lui feront connaître et aimer son milieu. Ils pensent que l'enfant doit apprendre, dans les formes déterminées par l'état de son développement physique et mental, à lutter avec ceux de sa classe et contribuer à s'affranchir du joug capitaliste. Les enfants prolétaires sont destinés à vivre dans l'ordre social communiste, et les petits Français plus spécialement, à vivre au lendemain de la Révolution et à être les plus fermes artisans de la période de transformation sociale qui précède l'établissement définitif du Communisme;*

3° *Sans vouloir entrer dans une étude approfondie de la question de l'enfant dans la lutte de classes, le fait qu'il y participe oblige les communistes à prendre des dispositions pour les diriger et les soutenir dans la lutte. C'est, à l'école, contre les programmes absurdement bourgeois, les locaux malsains, les maîtres brutaux; c'est contre la lamentable presse enfantine, qui fait tant de ravages; contre le patronat, qui les exploite dès le plus jeune âge, et pour l'apprentissage organisé; c'est pour apprendre à aimer tous les prolétaires du monde; c'est pour devenir des producteurs de la société communiste, que les enfants doivent être groupés en « GROUPES DE PUPILLES COMMUNISTES »;*

4° *Les sections et les Fédérations sont dans l'obligation de s'intéresser à la question des Pupilles. Elles doivent aider la Fédération Nationale des Groupes d'Enfants de la manière suivante :*

*a) Fonder un groupe, sur la demande de la Commission Nationale des G. E.;*

*b) Lui voter une subvention régulière (en principe o fr. 25 pour les sections, et o fr. 10 pour les Fédérations, par timbre placé);*

*c) Fournir les dirigeants et le personnel, selon les statuts nationaux des groupes d'enfants, à charge pour la C. N. de former ce personnel, et lui fournir les directives de travail;*

5° *L'expérience du mouvement rend obligatoire les dispositions suivantes :*

*a) Toute section qui a plus de 50 cartes placées est tenue de constituer un groupe d'enfants, sur la demande de la C. N.;*

*b) Chaque adhérent au P. C. ou aux J. C. est obligé d'envoyer ses enfants au groupe communiste d'enfants, s'il existe dans la localité, sauf cas particuliers à résoudre par la Section;*

*6° La Fédération Nationale de G. E., par la C. N., a seule pouvoir de donner des directives en ce qui concerne le travail des groupes d'enfants et la fixation des buts et moyens de l'éducation communiste de l'enfance.*

*Pour la C. N. : Le Secrétaire,*

---

## Sur " l'Humanité "

**Le Congrès national enregistre :**

A. *Que la direction politique de l'Humanité s'est appliquée depuis le quatrième congrès mondial à donner à l'organe du P. C. français une ligne générale politique conforme à l'esprit et aux décisions de l'Internationale;*

B. *Que l'administration a apporté des améliorations sensibles dans les services administratifs du journal.*

C. *Que la direction politique et l'administration se sont trouvées en présence de difficultés qui n'ont pas toujours été réglées selon les conceptions que tout membre doit avoir d'un journal communiste qui doit refléter toujours la pensée de l'organisme dirigeant le Parti; que cette situation n'est pas le fait des camarades chargés par le Parti de la direction politique et de l'administration, mais bien du manque de direction, de travail collectif de la direction politique de la Section française de l'Internationale.*

D. *Que la direction de l'Humanité a supprimé le cumul de salaires, comme elle s'est efforcée que tous ceux qui à un titre quelconque collaborent à la confection du journal ne soient pas uniquement des journalistes ou des employés, mais aussi et surtout des militants communistes. Ainsi la direction de l'Humanité a montré sa préoccupation constante de combattre toute survivance ou renaissance d'un état d'esprit qui — animant les collaborateurs à la confection de l'Humanité avant le quatrième congrès — faisait que l'organe politique du Parti pouvait se dresser contre la politique, la tactique de l'Internationale et de sa section française.*

*E. Qu'aujourd'hui il est possible d'examiner le problème de la direction politique et de l'administration, en dehors de toute atmosphère malsaine, parce que le Parti s'est débarrassé des adversaires du communisme qui se servaient du Parti au lieu de le servir.*

*Ces constatations permettent au congrès national, soucieux d'accroître l'influence de la pensée communiste dans ce pays, d'apporter à la direction politique de l'Humanité un certain nombre de solutions qui tendent à seconder les camarades responsables de la direction du Parti dans leurs efforts reconnus pour que l'organe du Parti soit non seulement en principe, mais en fait, entièrement subordonné à la direction du Parti.*

*Il indique :*

*1) Que la direction du Parti devra rechercher les bases d'une collaboration étroite entre le bureau politique du Parti et la direction de l'Humanité.*

*2) Que la direction de l'Humanité doit être confiée au Comité directeur avec un programme de réalisations techniques et professionnelles.*

*3) Qu'une attention particulière devra être portée à l'étude des question économiques et des affaires extérieures.*

*4) Qu'une organisation intérieure devra lier étroitement les rédacteurs, techniciens et employés de l'organe central.*

*5) Que les rédacteurs, techniciens et employés devront participer activement à la vie du Parti Communiste.*

*Pour les organes annexes, le Congrès décide :*

*1) Que le Bulletin de la Presse communiste sera rattaché directement au secrétariat du Parti; qu'il donnera chaque semaine, dans un éditorial, la ligne politique du*

Parti; qu'il apportera l'information communiste concernant les questions d'actualité.

2) Que le Comité directeur étudiera les moyens pratiques de transformer le Bulletin communiste en une véritable revue du Parti, pour en faire l'organe d'éducation et de formation des militants.

Enfin, le Congrès demande au Comité directeur la nomination immédiate d'une commission chargée de rechercher les moyens pratiques de former pour la presse du Parti des rédacteurs ouvriers.

# Composition des Organismes centraux pour 1924

## COMITÉ DIRECTEUR

TITULAIRES. — *Brout*, cimentier; *Marcel Cachin*, député; *Marcel Cordier*, coiffeur; *Jean Crémel*, métallurgiste; *Dallet*, peintre; *Jacques Doriot*, mécanicien; *Amédée Dunois*, publiciste; *Dupilet*, mineur; *Gaymann*, employé; *H. Gourdeaux*, postier; *Jacob*, tisseur; *G. Marrane*, ajusteur; *Lucien Midol*, cheminot révoqué; *Renaud Jean*, député; *Alfred Rosmer*, employé; *Louis Sellier*, conseiller municipal; *Pierre Semard*, cheminot révoqué; *Suzanne Girault*, institutrice libre; *Boris Souvarine*, dessinateur; *J. Tommasi*, voiture-aviation; *Albert Treint*, instituteur révoqué; *P. Vaillant-Couturier*, député; *Gérard Werth*, fraiseur; *Pierre Monatte*, correcteur.

Province. — *Bazin*, *Maurice Bohn*, *P. Cadeau*, *Guy Jerram*, *G. Péri*.

SUPPLÉANTS. — *Calzan*, professeur; *Lucie Colliard*, institutrice révoquée; *Delagarde*, tourneur; *Garny*, boucher; *Mahoury*, chaudronnier.

Suppléants de province. — *Soudeille* (Rhône); *Thorez* (Pas-de-Calais); *Rielh* (Alsace-Lorraine).

CONSEIL D'ADMINISTRATION DE L' « HUMANITÉ ». — *Bonnefon*, métallurgiste; *Clamamus*, comptable; *Demusols*, cheminot; *Dutilleul*, employé; *Albert Fournier*, avocat; *V. Godonnèche*, typographe; *Albert Lozeray*, typographe; *Michel Merlay*, publiciste; *Henri Raynaud*, postier; *René Reynaud*, ébéniste; *Poussel*, métallurgiste; *Louis Sellier*, conseiller municipal.

COMMISSION DES CONFLITS. — *Bors*, bâtiment; *Alice Brisset*, teinturière; *Collenck*, métallurgiste; *Dadot*, mécanicien; *Dupont*, professeur; *Ferrat*, étudiant; *Fromentin*, employé; *Guérard*, menuisier; *Gourget*, travailleur sur bois; *Likes*, transports; *Villat*, métallurgiste.

COMMISSION DE CONTRÔLE. — *Berner*, métallurgiste; *Campiglia*, métallurgiste; *Dupuy*, métallurgiste; *Jean*, métallurgiste; *Sallès*, métallurgiste; *Garchery*, conseiller municipal; *Guibert*, ingénieur.

# TABLE DES MATIÈRES


## PREMIÈRE PARTIE

Pages

Message de l'Internationale Communiste... 5
Aux Travailleurs de France... 17
A la mémoire de Ker... 20
Le Salut des Travailleurs des Régions dévastées au Prolétariat allemand ... 20
Aux Travailleurs français, aux Travailleurs du monde ... 21

## DEUXIÈME PARTIE

Tactique et Organisation... 27
La Politique de la Ruhr... 33
Question syndicale... 36
Résolution pour les prochaines élections... 42
Programme du Bloc ouvrier et paysan... 43
Adresse du Congrès national du Parti communiste (S. F. I. C.) au Congrès national du Parti socialiste (S. F. I. O.)... 48
Question paysanne... 51
Résolution sur l'action et l'organisation des Communistes dans la coopération... 53
Résolution sur la politique féminine du Parti... 59
Le travail communiste chez les travailleurs de langue étrangère ... 63
Contre les attentats anarchistes... 64
Question coloniale... 66
Résolution sportive... 76
Les Pupilles... 77
*L'Humanité*... 78
Liste des organismes centraux... 81

# BIBLIOTHÈQUE COMMUNISTE